马立平课程

MLP Chinese

中 文

Grade 6
六 年 级

编写 马立平

审定 庄 因

插图 邬美珍

夏苏舒

书　名　MLP Chinese (Grade 6)

编　者　马立平

审　定　庄　因

出版人　夏建丰

插　图　邬美珍、夏苏舒

网　址　www.lipingchinese.com

版　次　1994 年 3 月第 1 版

　　　　2020 年 3 月第 19 版

印　刷　上海丽佳制版印刷有限公司

书　号　ISBN 978-1-940666-06-8

目录

第一单元

第二单元

第三单元

编辑说明

斯坦福大学教育学院课程设计博士 马立平

近年来，海外的中文学校发展迅速，其教材多来自国内。可是，由于海外生活环境和国内不同，海外学生的文化背景、学习方式以及学习条件也和国内不同，所以在国内编写的教材，往往不敷他们的实际需要。在此，我们把这套在美国研发、经二十多年来多轮教学实验磨砺后定稿的"海外本土化"中文教材献给大家。

这套中文教材适用对象为来自华语家庭的儿童。目前，教材包括 11 个年级（K 至 9 年级以及 AP）的课本，每个年级学习 3 个单元，配有相应的单双周练习本、暑假作业本和网络作业，可供周末中文学校使用十一年，也支持 After School 的中文教学。同时，K 至 5 年级课本配有学生用的生字卡片，K 至 9 年级课本配有可供选购的教师用词汇卡片。

多年来的实践经验证明，通过循序渐进地学习全套教材，学生们能够具备中文听、说、读、写的基本能力，能够在美国 College Beard 的中文 SAT II 和 AP 考试中取得优异的成绩，并且能够顺利地通过中国国家汉办举办的 HSK 四级以上的汉语水平考试。

中华民族创造了自己的文字，也创造了学习这一文字的行之有效的方法。我们这套教材将中国语文教学的传统和现代语文教学的研究成果紧密结合。现将编辑要点说明如下：

一、拼音和汉字的关系——直接认字，后学拼音

为了先入为主地发展学生识别汉字的能力，我们在开始阶段不用拼音或注音符号，而是通过韵文直接进行汉字教学。在学了 700 个常用汉字以后，再引入汉语拼音。

语音教学由课堂教学和网络作业共同分担，成功地避免了海外学生常见的依赖拼音的弊病。

二、认字和写字的关系——先认后写，多认少写

海外少年儿童学习中文的时间十分有限。我们采用先认后写、多认少写的原则。

本教材通过各种途径，帮助学生熟练认读 2000 个左右的常用汉字，熟练书写 500 个左右的最常用汉字。以此为基础，学生能够依靠中文顺利地学习我们高年级的文化读本《中华文化之窗》和《中华文化巡礼》；也能够用中文进行基本的书面交流。

三、精读和泛读的关系——课文和阅读材料并重

考虑到海外语言环境的特点，教材采用了课文和阅读材料相互交织的结构，每篇课文都配有阅读材料数篇，纳入正式教学。这些阅读材料以中国历史故事和寓言为主要题材，用学生已经学过的汉字撰写。仅在 1 至 4 年级，就有和课文相配合的阅读材料四百来篇。

四、阅读和写作的关系——先读后写，水到渠成

语汇是写作的基础。1 至 4 年级以认字教学为主，让学生掌握大量的汉字和语汇。五年级以大篇幅的阅读巩固认字量并且引导学写段落。6、7 年级完成系统的写作教学。完成写作教学之后，学生的写作能力已经超过 AP Chinese 所要求的水平。

五、素材选择和改写的依据——求知欲、成就感、常用字先行和高频率复现

本教材中课文和阅读材料的素材来源很广，包括了大陆和台湾本土使用的各种小学课本、两岸为海外儿童编写的各种华语教材、各种中文儿童课外读物、甚至口头流传的民间故事和谜语等等。选材的依据，一是根据海外华裔儿童的兴趣和求知欲，二是注重培养学生学习中文的成就感。素材经改写后自成一个完整的中文教学体系，常用字先行，并且高频率复现。前后呼应，环环相扣。

六、重视中华文化，摈弃政治色彩

教材以海外华裔儿童的成长发展为其唯一关怀。海外的炎黄子孙，无论来自大陆、台湾，还是其他国家和地区，文化上都是同宗同源；相信七十年的两岸分隔，绝无损于五千年中华文化的源远流长。

七、汉字结构的教学

汉字的笔画、笔形、笔顺和部首是掌握汉字结构的重要手段，然而在日常生活中，笔画和部首的名称却往往是约定俗成，没有绝对统一的标准。

在本教材中：

笔画名称参照了《现代汉语词典》和《汉语》教材中的汉字笔画表，以及汉典。

笔顺介绍参照了 Cheng & Tsui Company 的《Practical Chinese Reader I & II: Writing Workbook》。

部首名称及英文翻译，参照了 Harvard University Press 出版的《Mathews' Chinese English Dictionary》和安子介先生的《解开汉字之迷》。

另外，我们使用了"表意部首（Meaning clue）"和"表音部首（Sound clue）"的概念，仅仅是为了帮助学生认记汉字，无意在汉字学上标新立异。

八、繁体字章节用字的选定

教材繁体字章节的用字，参照了《国语日报字典》、修订版《华语》、《儿童华语课本》来选定，最后由斯坦福大学亚洲语言系庄因教授审定。

九、多媒体网络作业的使用

和课文配套的多媒体网络作业，可在计算机和 iPad 上使用。在课本的封面上，可以找到相应的注册码。每周有四次作业，每次作业设计量为 20 分钟左右。每次完成作业后，会出现该次作业的"密码"，由学生登记到作业本上，交给老师核实。

十、暑假作业

为了使学生的中文学习不致在漫长的暑假里中断，本教材为各年级设计了暑假作业（每年八周，每周四次），同时提供相应的网络作业。一年级暑假作业的部分文字材料在课本里。建议各校在秋季开学时，对学生暑假作业的完成情况进行检查。

这套教材是我和夏建丰先生合力编写，其间得到许多人的支持和帮助。特别是斯坦福大学亚洲语言系的庄因教授不辞辛劳，为教材审定文字并撰写序文。资深儿童画家陈毅先生、吕莎女士和邬美珍女士为教材配画了精美的插图。罗培嘉老师为作业设计了阅读检查办法。我们在此一并表示深切感谢。

马立平中文课程

全套教材 使用说明

马立平中文课程在美国经过了二十多年的中文教学研究和实践，形成了一套针对海外华裔学习中文行之有效的方法，帮助海外华裔青少年在学习中文和了解中国文化中，能够学有所成。

课程服务对象以及教学成果

马立平中文课程的服务对象主要是海外华裔青少年。其主体教学内容，可供海外周末中文学校使用；结合课后阅读以及教辅材料，也可供非周末的 After School 中文学校选用。

多年来的实践经验证明，通过循序渐进地学习马立平中文课程，学生们能够具备中文听、说、读、写的基本能力，能够在美国 College Beard 的中文 SAT II 和 AP 考试中取得优异的成绩，并且能够顺利地通过中国国家汉办举办的 HSK 四级以上的汉语水平考试。

全套课程的设计结构

马立平中文课程设计了十一个年级的教学内容，分为三个主要阶段展开：

1）认字和阅读（学前班到四年级）；

2）作文和阅读（五到七年级）；

3）中华文化和 AP 考试（八到十年级）。

每个年级分册分为三个单元，按照每个单元八次授新课、一次总复习和一次考试的教学量进行设计，对应着十周的教学时间。具体教学建议，请参见各个年级分册的使用说明。

全套教材的设计结构，以及各个阶段的特点，请参见图1。

图1中每个年级包括三个单元，占据三格。

实线示意预计的学习困难程度，坡度越"陡"，表示学生可能感到难度越大；坡度越"缓"，难度越小（如学前班和一年级第一、二单元难度最低，二年级难度最大）。实线下的文字，表示该阶段的主要学习内容。

虚线示意认字数量增长的速度（一至四年级快，之后明显减缓）。

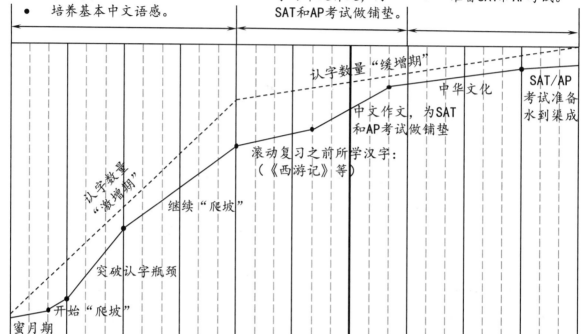

图1：马立平中文课程 全套教材设计结构

教学十六字诀

- **趣味引入：** 教授新课前，先要设法引起学生对课文的兴趣，调动起积极学习的情绪；
- **精讲多练：** 切忌"满堂灌"，老师要讲得恰到好处，尽量留出课堂时间给学生练习；
- **重点突出：** 认识字词和发展语感是一至四年级段的教学重点，教学中请务必注意；
- **难点分散：** 教学中要把难点分散，老师要作好相应铺垫和支持，带领学生克服难点。

需要家长关注的"三要三不要"

- **要**从小培养孩子独立认真做中文作业的好习惯，**不要**纵容心不在焉的作业习惯；
- **要**尽量多和孩子说中文，尽量创造中文环境，**不要**以为把孩子送了周末中文学校，他们的中文学习就万事大吉了；
- 遇到困难时，**要**鼓励孩子发扬"不放弃"精神，家长的态度**不要**"过硬"或"过软"。

马立平中文课程

六年级教材 使用说明

马立平中文课程的六年级教材是以课本为核心而相互配合的一个整体，其中包含：

1）课本：一本。

2）练习册：三本，分别为单周、双周和暑假练习册。

3）网络作业的注册帐号：一个，印在课本封面上。

和其他各年级课本同样，六年级课本分为三个单元。

六年级第一单元的内容，旨在帮助我们的学生了解和熟悉海外中文环境。他们生活在海外，能够比较自如地接触和应对海外中文环境无疑是很重要的：到中餐馆能懂菜、点菜，到 China Town 能识别商店，拿起中文报刊能阅读广告等等。另外，由于海外中文环境里常常出现繁体字，他们也需要认识一些常用的繁体字。为此，我们安排了四篇小对话，用简体和繁体两种字体呈现。

传统的繁体字承载着汉字发展的历史，认识一定数量的繁体字，能够帮助学生了解汉字文化，理解汉字结构。从四年级开始，本教材已经在阅读材料里用"温故知新"板块让学生开始接触一些繁体字，五年级的作业里，安排了让学生比较同一个字的简体和繁体形式，从而归纳出其中规律的练习。六年级第一单元四篇小对话的繁体版本，可视为学生学习"写简认繁"的一个小结。

第二、第三单元为写作练习的后半部分。《马立平中文》教材的作文教学有四个单元，安排在六年级第二、第三单元和七年级第一第二单元。每个单元安排课文四篇（作范文用，单周教）、"马老师谈作文"四篇（作文指导用，双周教）。在作文教学阶段，要求学生每次上课即兴写作 15 分钟，每学期写作文四篇（隔周一篇）作文教学的方法和步骤，请参见网站 mlpchinese.com 上教学园地中相关页面。

教学进度安排建议

通常，在周末中文学校中，每个单元可以用十次周末的教学时间完成：

八次授新课，一次复习，一次考试。每个周末，教学时间可以为一个半小时到二小时。

After School 的中文学校，可以把基础内容和课后阅读相结合，每个单元分成八周授新课，一周复习和考试。每一周可用四天授新课，一天复习；每天的教学时间可为一小时。

课本内容和教学进度分配的对应关系，参见下表。

教学进度分配的对应关系

第一单元	第一单元 （海外的中文环境）	第二单元 （作文：学习状物）	第三单元 （作文：学写一个过程）
第1周	中餐馆名字趣谈（简体）	我的小花鹿（课文教学）	海上日出（课文教学）
第2周	中餐馆名字趣谈（繁体）	作文指导（《谈作文》1等）	作文指导（《谈作文》5等）
第3周	不是菜细是菜系（简体）	金鱼（课文教学）	火烧云（课文教学）
第4周	不是菜细是菜系（繁体）	作文指导（《谈作文》2等）	作文指导（《谈作文》6等）
第5周	做川菜（简体）	荷花（课文教学）	有趣的木偶戏（课文教学）
第6周	做川菜（繁体）	作文指导（《谈作文》3等）	作文指导（《谈作文》7等）
第7周	张记水电行（简体）	赵州桥（课文教学）	蝉（课文教学）
第8周	张记水电行（繁体）	作文指导（《谈作文》4等）	作文指导（《谈作文》8等）
第9周	总复习		
第10周	考试		

难度分析

六年级第一单元的课文里出现了繁体字，初初看去可能让学生或他们的家长有"太难"的感觉。其实繁体字如果不要求书写的话，仅就认识而言，并不比简体字困难。由于每个字所载的信息更多，反而更利于识别。首先需要向学生说明认识繁体字的意义，并且强调只要求认不要求写，加之提醒他们从四年级起已经对繁体字有所接触，就可以打消为难情绪。

第二单元将开始中文写作学习，"万事开头难"。克服"作文难"的关键，在于认真组织课堂即兴写作练习，坚持每次上课时抽 15-20 分钟让学生当堂即兴写作，对提高学生写作能力有意想不到的作用。在作文教学开始之前，督促家长为孩子准备好手提电脑，装好课堂练习的电子文件模板（模板可在网站 mlpchinese.com 上教学园地下载，纸媒内容见课本第 148 到 163 页），可以保障尽早进入良好的学习状态。

关键点

除了课文学习之外，下面的内容也是学习的关键点：

1）阅读材料

第一单元的阅读材料，选自郑渊洁先生的童话，字数较多，是五年级以《西游记》简写版为内容的大阅读量训练的继续。第二、三单元的阅读材料，多为学生作文，可供学生作文时参考。

2）网络作业

请家长协助学生建立网络作业账号。认真完成网络作业，是有效学习的重要手段。

马立平课程

中 文

六 年 级

第一单元（认繁写简）

编写　马立平

审定　庄　因

插图　邬美珍、夏苏舒

一、中餐馆名字趣谈（小相声）

甲：美国是一个移民的国家。

乙：不错。我们家就是从中国移民到美国来的。

甲：哦，是吗？那我倒要考考你，在美国的中国移民怎么称呼？

乙：这难不倒我，在美国的中国移民叫"华裔美国人"。

甲：还真说得上来。

乙：怎么说不上来？这"华"字代表中国，中国人又叫华人，中国话也叫华语，中文也叫华文。这"裔"字是后代的意思，中国人的后代叫华裔，日本人的后代叫"日裔"，非洲人的后代叫"非裔"，亚洲人的后代叫"亚裔"……

甲：牙医？我们亚洲人的后代都给人看牙？

乙：对不起，请听仔细了，我说的不是"牙医"，是"亚裔"！

甲：好，算你说对了，我再问你，华裔美国人从事什么职业的最多？

乙：这我可说不好。从前，在一般人的眼里，华人不是开洗衣店就是开餐馆。现在可不同了，有当电脑工程师的，有当大学教授的，当医生的，当律师的，什么都有。开洗衣店的比过去少多了，中餐馆倒是有增无减。

甲：哎，说起中餐馆，我最近有一个重大发现。

乙：什么重大发现？

甲：中餐馆的名字里，多半没有"餐馆"两个字。

乙：嗨，有意思，说来听听。

甲：你听着。咱们中文学校附近的那家中餐馆叫"鸭子楼"，我爸爸公司旁边，有一家"四川酒家"，我奶奶爱去的那家叫"醉香居"。我妈妈的朋友唐阿姨常去的那家名字更有趣，叫"清真一条龙"。还有什么"小二又一家"，"苏杭小馆"，"包子大王"，"可利亚火锅城"，都不带"餐馆"两个字。

乙：就这个重大发现呀？那我可比你强。你说的这些名字，虽然不带"餐馆"两个字，我可是一听就知道各家餐馆的特点。

甲：真的？

乙：当然真的。我问你，"鸭子楼"是不是北京烤鸭做得特别好？

甲：不错！

乙："四川酒家"做的是四川菜，"苏杭小馆"做的是苏州杭州菜，对吗？

甲：这不希奇，这些名字里就有地名嘛！

乙：没有地名也没关系。我问你，你奶奶是不是广东人？她爱去的"醉香居"是不是广东餐馆？

甲：是啊！是啊！这你是怎么知道的？

乙：告诉你吧，叫"××居"的，一定是广东餐馆，带"清真"两个字的，一定是回教餐馆，带"包子"两个字的，一定是包子做得特别好，带"火锅"两个字的，一定是……

甲：吃"火锅"的。这个我也知道。

乙：你知道？那我问你，为什么很多中餐馆爱叫什么"楼"的？这"楼"和餐馆有什么关系？

甲：是不是名字里有"楼"字的餐馆都在楼上？不对不对，"鸭子楼"就只有一层，不可能在楼上啊！

乙：还是我来告诉你吧。中国人向来是很讲究吃的，享受美食的时候不仅要有好菜，而且还要有好酒。不仅要有好菜好酒入口，最好还要有美丽的风景入眼。观赏风景，当然是楼上比楼下好。所以，自古以来的餐馆饭店，楼上的位置总是最受欢迎的，久而久之，很多餐馆就都以"楼"字来命名。

甲：这下我明白了，怪不得很多餐馆爱叫"××酒楼"，原来就是除了好菜好饭，还有好酒好风景的意思啊！

乙：看不出，你还真聪明。当然，既然"楼"成了中餐馆的别名，起名"××酒楼"的中餐馆，就不一定非得有楼才行。

甲：你说的是那没有楼的"鸭子楼"啊？

乙：可不是嘛！

中餐館名字趣談 (繁體字版)

甲：美國是一個移民的國家。

乙：不錯。我們家就是從中國移民到美國來的。

甲：哦，是嗎？那我倒要考考你，在美國的中國移民怎麼稱呼？

乙：這難不倒我，在美國的中國移民叫"華裔美國人"。

甲：還真說得上來。

乙：怎麼說不上來？這"華"字代表中國，中國人又叫華人，中國話也叫華語，中文也叫華文。這"裔"字是後代的意思，中國人的後代叫華裔，日本人的後代叫"日裔"，非洲人的後代叫"非裔"，亞洲人的後代叫"亞裔"……

甲：牙醫？我們亞洲人的後代都給人看牙？

乙：對不起，請聽仔細了，我說的不是"牙醫"，是"亞裔"！

甲：好，算你說對了，我再問你，華裔美國人從事什麼職業的最多？

乙：這我可說不好。從前，在一般人的眼裡，華人不是開洗衣店就是開餐館。現在可不同了，有當電腦工程師的，有當大學教授的，當醫生的，當律師的，什麼都有。開洗衣店的比過去少多了，中餐館倒是有增無減。

甲：哎，說起中餐館，我最近有一個重大發現。

乙：什麼重大發現？

甲：中餐館的名字裡，多半沒有"餐館"兩個字。

乙：嗨，有意思，說來聽聽。

甲：你聽著。咱們中文學校附近的那家中餐館叫"鴨子樓"，我爸爸公司旁邊，有一家"四川酒家"，我奶奶愛去的那家叫"醉香居"。我媽媽的朋友唐阿姨常去的那家名字更有趣，叫"清真一條龍"。還有什麼"小二又一家"，"蘇杭小館"，"包子大王"，"可利亞火鍋城"，都不帶"餐館"兩個字。

乙：就這個重大發現呀？那我可比你強。你說的這些名字，雖然不帶"餐館"兩個字，我可是一聽就知道各家餐館的特點。

甲：真的？

乙：當然真的。我問你，"鴨子樓"是不是北京烤鴨做得特別好？

甲：不錯！

乙："四川酒家"做的是四川菜，"蘇杭小館"做的是蘇州杭州菜，對嗎？

甲：這不希奇，這些名字裡就有地名嘛！

乙：沒有地名也沒關係。我問你，你奶奶是不是廣東人？她愛去的"醉香居"是不是廣東餐館？

甲：是啊！是啊！這你是怎麼知道的？

乙：告訴你吧，叫"××居"的，一定是廣東餐館，帶"清真"兩個字的，一定是回教餐館，帶"包子"兩個字的，一定是包子做得特別好，帶"火鍋"兩個字的，一定是……

甲：吃"火鍋"的。這個我也知道。

乙：你知道？那我問你，爲什麼很多中餐館愛叫什麼"樓"的？這"樓"和餐館有什麼關係？

甲：是不是名字裡有"樓"字的餐館都在樓上？不對不對，"鴨子樓"就只有一層，不可能在樓上啊！

乙：還是我來告訴你吧。中國人向來是很講究吃的，享受美食的時候不僅要有好菜，而且還要有好酒。不僅要有好菜好酒入口，最好還要有美麗的風景入眼。觀賞風景，當然是樓上比樓下好。所以，自古以來的餐館飯店，樓上的位置總是最受歡迎的，久而久之，很多餐館就都以"樓"字來命名。

甲：這下我明白了，怪不得很多餐館愛叫"××酒樓"，原來就是除了好菜好飯，還有好酒好風景的意思啊！

乙：看不出，你還真聰明。當然，既然"樓"成了中餐館的別名，起名"××酒樓"的中餐館，就不一定非得有樓才行。

甲：你說的是那沒有樓的"鴨子樓"啊？

乙：可不是嘛！

二、不是"菜细"是"菜系" (小相声)

甲：上回听你说关于中餐馆的名字，学到不少知识。

乙：那当然。不是我吹牛，我知道的东西就是比你多得多。

甲：今天我想向你讨教关于中国菜的菜系。

乙："菜细"？糟了，我连这个词也没听说过呢！菜细嘛，就是……就是中国人做菜特别讲究刀功，爱把菜切得细细的，越细越好！

甲：你说到哪里去了，我说的是"川菜"、"粤菜"、"京菜"和"扬菜"——中国菜的四大菜系！

乙：这我知道，"川菜"，就是四川菜，"粤菜"，就是广东菜，"京菜"，就是北京菜，"扬菜"就是扬州菜。

甲：四川、广东、北京都常听说，请问这扬州在什么地方？

乙：四川在中国的西部，广东在中国的南部，北京在中国的北部，这扬州嘛……在中国的东部！

甲：给他蒙着了！再请问，这中国东南西北的四大菜系各有什么特点？各有什么名菜？

乙：这个……这个"川菜"的特点嘛，是……川味浓！这个"粤菜"的特点嘛，是……粤味浓！这个"京菜"的特点嘛，是……京味浓！这个"扬菜"的特点嘛，是……扬味浓！

甲：还"羊味"呢，我问你，是山羊呢，还是绵羊？

乙：这个……这个……真对不起，关于四大菜系，我知道得还真不多。

甲：没想到你还挺诚实的。要不要让我告诉你？

乙：请说，请说，我洗耳恭听，洗耳恭听。

甲：好，我先说"川菜"。"川菜"的特点是口味重，常带麻辣……

乙：等等，等等。辣就是辣，为什么还要在前面加上一个麻字呢？

甲：听我说。麻辣，是一种特别的辣味。一般的中国菜里，要辣的话，就用辣椒。川菜里除了用辣椒以外还用花椒。花椒很香，放了花椒的菜，吃起来舌头上有一点点麻，所以叫作麻辣……

乙：想起来了！想起来了！有一回我在"四川酒家"吃过麻辣豆腐，又麻又辣特别香，吃起来非常带劲。

甲：不错，还有"宫保鸡丁"，"鱼香肉丝"，"回锅肉"，都是人们
　　喜爱的四川菜。

乙：那么粤菜呢？粤菜和川菜有什么不同？

甲：粤菜是广东菜，味道清淡。粤菜里海鲜用得多，汤煲得特别好。

乙：对，我知道有一道汤叫"佛跳墙"，是用很多山珍海味煲的。
　　"佛跳墙"味道鲜美无比，炉子上煮着汤，香气四溢。据说隔壁
　　人家的菩萨闻到了，都忍不住要跳过墙来尝一尝呢。

甲：对什么呀？"佛跳墙"是福建名菜！

乙：福建不就在广东旁边吗？我在"醉香居"吃过的"清蒸石斑鱼"，
　　那一定是广东菜了吧？味道的确不错。

甲："川菜"和"粤菜"是最有名的中国菜。"扬菜"也很有特点，
　　咸中带甜，我最爱吃扬式的炒豆腐干丝和"红烧狮子头"。

乙：什么？"红烧狮子头"？

甲：（用手比划）就是这么大的红烧肉丸哪！

乙：那么，"京菜"的特点是什么？

甲：这"京菜"嘛……我妈妈是北京人，烧得一手正宗京菜，晚上
　　你来我家，尝尝我妈妈做的"木须肉"！除了我们上面说的四大
　　菜系，中国许多地方菜都有自己的特点。在我们伯金山湾区，
　　就有不少很好的上海菜餐馆和台湾口味的餐馆呢！

乙：嗨，你知道得还真不少！

甲：实话告诉你，这些关于中国菜系的知识，是我上星期刚学来的。
　　要不中国人怎么说，"士别三日，当刮目相看"呢！

乙：真有你的！

不是"菜細"是"菜系"（繁體字版）

甲：上回聽你說關於中餐館的名字，學到不少知識。

乙：那當然。不是我吹牛，我知道的東西就是比你多得多。

甲：今天我想向你討教關於中國菜的菜系。

乙："菜細"？糟了，我連這個詞也沒聽說過呢！菜細嘛，就是……就是中國人做菜特別講究刀功，愛把菜切得細細的，越細越好！

甲：你說到哪裡去了，我說的是"川菜"、"粵菜"、"京菜"和"揚菜"——中國菜的四大菜系！

乙：這我知道，"川菜"，就是四川菜，"粵菜"，就是廣東菜，"京菜"，就是北京菜，"揚菜"就是揚州菜。

甲：四川、廣東、北京都常聽說，請問這揚州在什麼地方？

乙：四川在中國的西部，廣東在中國的南部，北京在中國的北部，這揚州嘛……在中國的東部！

甲：給他矇著了！再請問，這中國東南西北的四大菜系各有什麼特點？各有什麼名菜？

乙：這個……這個"川菜"的特點嘛，是……川味濃！這個"粵菜"的特點嘛，是……粵味濃！這個"京菜"的特點嘛，是……京味濃！這個"揚菜"的特點嘛，是……揚味濃！

甲：還"羊味"呢，我問你，是山羊呢，還是綿羊？

乙：這個……這個……真對不起，關於四大菜系，我知道得還真不多。

甲：沒想到你還挺誠實的。要不要讓我告訴你？

乙：請說，請說，我洗耳恭聽，洗耳恭聽。

甲：好，我先說"川菜"。"川菜"的特點是口味重，常帶麻辣……

乙：等等，等等。辣就是辣，爲什麼還要在前面加上一個麻字呢？

甲：聽我說。麻辣，是一種特別的辣味。一般的中國菜裡，要辣的話，就用辣椒。川菜裡除了用辣椒以外還用花椒。花椒很香，放了花椒的菜，吃起來舌頭上有一點點麻，所以叫作麻辣……

乙：想起來了！想起來了！有一回我在“四川酒家”吃過麻辣豆腐，
　　又麻又辣特別香，吃起來非常帶勁。

甲：不錯，還有“宮保雞丁”，“魚香肉絲”，“回鍋肉”，都是人們
　　喜愛的四川菜。

乙：那麼粵菜呢？粵菜和川菜有什麼不同？

甲：粵菜是廣東菜，味道清淡。粵菜裡海鮮用得多，湯煲得特別好。

乙：對，我知道有一道湯叫“佛跳牆”，是用很多山珍海味煲的。
　　“佛跳牆”味道鮮美無比，爐子上煮著湯，香气四溢。據說隔壁
　　人家的菩萨聞到了，都忍不住要跳過牆來嚐一嚐呢。

甲：對什麼呀？“佛跳牆”是福建名菜！

乙：福建不就在廣東旁邊嗎？我在“醉香居”吃過的“清蒸石斑魚”，
　　那一定是廣東菜了吧？味道的確不錯。

甲：“川菜”和“粵菜”是最有名的中國菜。“揚菜”也很有特點，
　　鹹中帶甜，我最愛吃揚式的炒豆腐乾絲和“紅燒獅子頭”。

乙：什麼？“紅燒獅子頭”？

甲：（用手比劃）就是這麼大的紅燒肉丸哪！

乙：那麼，“京菜”的特點是什麼？

甲：這“京菜”嘛……我媽媽是北京人，燒得一手正宗京菜，晚上
　　你來我家，嚐嚐我媽媽做的“木鬚肉”！除了我們上面說的四大
　　菜系，中國許多地方菜都有自己的特點。在我們舊金山灣區，
　　就有不少很好的上海菜餐館和台灣口味的餐館呢！

乙：嗨，你知道得還真不少！

甲：實話告訴你，這些關於中國菜系的知識，是我上星期剛學來的。
　　要不中國人怎麼說，“士別三日，當刮目相看”呢！

乙：真有你的！

三、做川菜（小相声）

乙：各种中国菜中，我最喜欢吃四川菜。

甲：我也是。

乙：我不但喜欢吃四川菜，而且还会做四川菜。

甲：哟，看不出来！请问您会做哪样四川菜？

乙：我会做"宫保鸡丁"。你要我教你吗？

甲：多谢指教！

乙：首先，你知道什么叫"丁"吗？

甲："丁"是菜切成的一种形状。中国人做菜，把菜切成不同的形状，不同的形状有不同的名称。切得薄薄的叫"片"，切得圆圆的叫"球"，细细的短短的小条叫"丝"，粗一点长一点扁一点的条叫"柳"，细小的末叫"茸"。像这么小的方块就叫"丁"。鸡丁是切得小小的方鸡肉块，肉丁是切得小小的方猪肉块，豆腐干丁是切得小小的方豆腐干块……

乙：行了，行了，说得不错。现在我来告诉你怎么做准备。

甲：做准备容易，把鸡肉切成小小的方块，也就是切成鸡丁，不就行了？

乙：不行！切好鸡丁，还没完成准备工作的三分之一呢！

甲：还没完成三分之一？

乙：是啊，你还得把一些姜、蒜和干辣椒切成丝，再准备十几颗花椒。然后，你得在切好的鸡丁里放上芡粉、盐和酱油，拌匀了，这才完成了第一个三分之一。

甲：真有你的。那第二个三分之一呢？

乙：这第二个三分之一，你在一个小碗里倒上一些酱油，里面加上盐、白糖、味精和芡粉，这叫"滋汁"，放在一旁。

甲：好，那第三个三分之一呢？

乙：这第三个三分之一，你得准备一些油炸花生米。

甲：对，听说宫保鸡丁里油炸花生米是少不了的。

乙：现在你可以动手了。炒锅放在旺火上，把油烧热了，先把葱、姜、蒜、干辣椒和花椒放下去，炸香以后，把鸡丁倒下去炒。鸡丁快熟的时候，把滋汁倒进去，再加油炸花生米，最后加一点点醋，铲起来，就成了！

甲：呵，味道香辣，吃口鲜嫩，味道好极了！

乙：不错吧？用同样的方法，把鸡肉换成猪肉，就是宫保肉丁了。

甲：真棒！我回去一定试着做一个让爸爸妈妈尝尝。说起做菜，我也知道一种川菜的做法，那是听我妈妈说的。

乙：什么菜？

甲：鱼香肉丝。

乙：好，我喜欢吃鱼香肉丝，说来听听。

甲：先把肉切成丝，拌上芡粉。正宗的鱼香肉丝，要切成像火柴棒那么长短粗细。有的餐馆做的鱼香肉丝，切成像无名指那么长，小手指那么粗，那就不正宗啦！

乙：明白了。

甲：再准备一些木耳和笋，如果没有木耳和笋，可以用别的蔬菜，也切成丝；把葱、姜、蒜和辣椒切成米粒大小。注意，鱼香肉丝虽然是川菜，但一般不放花椒。最后做滋汁，滋汁里除了要放酱油、盐、白糖、芡粉以外，还要放醋。

乙：旺火把油烧热以后，先下什么？

甲：先下肉丝。肉丝炒得有一点发白时，下姜、蒜、辣椒和葱花，炒一炒，再下木耳和笋丝。炒匀以后，倒进滋汁，再炒一下，就成了！

乙：我还听说有鱼香鸡丝，鱼香鱼丝，鱼香猪肝，甚至还有鱼香菜胆，鱼香茄子，也都是大同小异地这么做吧？

甲：一点儿不错，你还真聪明！

乙：彼此彼此！

做川菜（繁體字版）

乙：各種中國菜中，我最喜歡吃四川菜。

甲：我也是。

乙：我不但喜歡吃四川菜，而且還會做四川菜。

甲：喲，看不出來！請問您會做哪樣四川菜？

乙：我會做"宮保雞丁"。你要我教你嗎？

甲：多謝指教！

乙：首先，你知道什麼叫"丁"嗎？

甲："丁"是菜切成的一種形狀。中國人做菜，把菜切成不同的形狀，不同的形狀有不同的名稱。切得薄薄的叫"片"，切得圓圓的叫"球"。細細的短短的小條叫"絲"，粗一點長一點扁一點的條叫"柳"，細小的末叫"茸"。像這麼小的方塊就叫"丁"。雞丁是切得小小的方雞肉塊，肉丁是切得小小的方豬肉塊，豆腐乾丁是切得小小的方豆腐乾塊……

乙：行了，行了，說得不錯。現在我來告訴你怎麼做準備。

甲：做準備容易，把雞肉切成小小的方塊，也就是切成雞丁，不就行了？

乙：不行！切好雞丁，還沒完成準備工作的三分之一呢！

甲：還沒完成三分之一？

乙：是啊，你還得把一些姜、蒜和乾辣椒切成絲，再準備十幾顆花椒。然後，你得在切好的雞丁裡放上芡粉、鹽和醬油，拌勻了，這才完成了第一個三分之一。

甲：真有你的。那第二個三分之一呢？

乙：這第二個三分之一，你在一個小碗裡倒上一些醬油，裡面加上鹽、白糖、味精和芡粉，這叫"滋汁"，放在一旁。

甲：好，那第三個三分之一呢？

乙：這第三個三分之一，你得準備一些油炸花生米。

甲：對，聽說宮保雞丁裡油炸花生米是少不了的。

乙：現在你可以動手了。炒鍋放在旺火上，把油燒熱了，先把蔥、姜、蒜、乾辣椒和花椒放下去，炸香以後，把雞丁倒下去炒。雞丁快熟的時候，把滋汁倒進去，再加油炸花生米，最後加一點點醋，鏟起來，就成了！

甲：呵，味道香辣，吃口鮮嫩，味道好極了！

乙：不錯吧？用同樣的方法，把雞肉換成豬肉，就是宮保肉丁了。

甲：真棒！我回去一定試著做一個讓爸爸媽媽嚐嚐。說起做菜，我也知道一種川菜的做法，那是聽我媽媽說的。

乙：什麼菜？

甲：魚香肉絲。

乙：好，我喜歡吃魚香肉絲，說來聽聽。

甲：先把肉切成絲，拌上芡粉。正宗的魚香肉絲，要切成像火柴棒那麼長短粗細。有的餐館做的魚香肉絲，切成像無名指那麼長，小手指那麼粗，那就不正宗啦！

乙：明白了。

甲：再準備一些木耳和筍，如果沒有木耳和筍，可以用別的蔬菜，也切成絲；把蔥、姜、蒜和辣椒切成米粒大小。注意，魚香肉絲雖然是川菜，但一般不放花椒。最後做滋汁，滋汁裡除了要放醬油、鹽、白糖、芡粉以外，還要放醋。

乙：旺火把油燒熱以後，先下什麼？

甲：先下肉絲。肉絲炒得有一點發白時，下姜、蒜、辣椒和蔥花，炒一炒，再下木耳和筍絲。炒勻以後，倒進滋汁，再炒一下，就成了！

乙：我還聽說有魚香雞絲，魚香魚絲，魚香豬肝，甚至還有魚香菜膽，魚香茄子，也都是大同小異地這麼做吧？

甲：一點兒不錯，你還真聰明！

乙：彼此彼此！

四、"张记水电行"（小相声）

甲：上星期我们约好要比一比我们俩的中文知识。

乙：我们约好，谁能说出一个对方以前闻所未闻的中文知识，谁就赢一分。

甲：那能不能我先说？

乙：请！

甲：上星期天我和爷爷一起去中国城，看见一块牌子，上面写着五个大字，每个字我都认识，可就不知道合起来是什么意思。

乙：有这样的事？我不相信！是哪五个字？

甲：你看看，就这五个字。

乙："张－记－水－电－行"。张开嘴巴的张，记录的记，热水的水，电灯的电，行不行的行。嗨，还真说不上来是什么意思！

甲：告诉你吧，这五个字念作"张记水电行"，意思是姓张的人家开的一个修理水管和电器的公司！

乙：张－记－水－电－行？姓张的人家开的一个修理水管和电器的公司？

甲：是啊！我爷爷告诉我，这个行字在这里念行，是生意或商店的意思。就像银行的"行"字那样。

乙：这倒是。我奶奶常说的"药材行"，是卖中药的店。原来，这里的"水"指的是水管、"电"指的是电器。那么"张记"这两个字是怎么回事呢？

甲："张"是姓张的意思，"记"是记号的意思。准确地说，"张记"的意思就是"张家的"。

乙：是这么回事啊？

甲：就是这么回事。"王记"就是王家的生意，"李记"就是李家的生意。怎么样，这可是你以前闻所未闻的吧？

乙：好，算你先得一分。现在我也来说一件你以前闻所未闻的事。我问你，你知道不知道中国字有名字？

甲：中国字有名字？这个倒没听说过。我只听说过人有名字，商店有名字，马路有名字，学校有名字，公司有名字，国家有名字，从来没听说过字有名字。

乙：没听说过吧？告诉你，这"张记水电行"的"张"字就有名字。

甲："张"字有名字？叫什么？

乙：叫"弓长张"。

甲："弓长张"？

乙：对，左边是弓字，右边是长字，"弓长张"。我妈妈的姓也念zhāng，可是她的那个zhāng字，就有另一个名字，叫"立早章"。

甲："立早章"？

乙：对，上面一个立正的立字，下面一个早晨的早字，"立早章"。也就是文章的章。中文里做姓的字，不少有名字。

甲：是吗？那我姓李，这李字有名字吗？

乙：有，叫"木子李"。

甲：于小敏的于……

乙："干勾于"。

甲：那王老师的王字呢？

乙："三横王"。

甲：王老师的先生姓黄……

乙："草头黄"。

甲：我妈妈姓吴。

乙："口天吴"。

甲：我姥姥姓胡。

乙："古月胡"。

甲：我奶奶姓许。

乙："言午许"。

甲：我爷爷姓徐。

乙："双人徐"……哎，等一等，等一等，你姓李，你爷爷怎么姓徐？

甲：那是我瞎编的，想考考你呢！

"張記水電行"（繁體字版）

甲：上星期我們約好要比一比我們倆的中文知識。

乙：我們約好，誰能說出一個對方以前聞所未聞的中文知識，誰就贏一分。

甲：那能不能我先說？

乙：請！

甲：上星期天我和爺爺一起去中國城，看見一塊牌子，上面寫著五個大字，每個字我都認識，可就不知道合起來是什麼意思。

乙：有這樣的事？我不相信！是哪五個字？

甲：你看看，就這五個字。

乙："張—記—水—電—行"。張開嘴巴的張，記錄的記，熱水的水，電燈的電，行不行的行。嗨，還真說不上來是什麼意思！

甲：告訴你吧，這五個字念作"張記水電行"，意思是姓張的人家開的一個修理水管和電器的公司！

乙：張—記—水—電—行？姓張的人家開的一個修理水管和電器的公司？

甲：是啊！我爺爺告訴我，這個行字在這裡念行，是生意或商店的意思。就像銀行的"行"字那樣。

乙：這倒是。我奶奶常說的"藥材行"，是賣中藥的店。原來，這裡的"水"指的是水管、"電"指的是電器。那麼"張記"這兩個字是怎麼回事呢？

甲："張"是姓張的意思，"記"是記號的意思。準確地說，"張記"的意思就是"張家的"。

乙：是這麼回事啊？

甲：就是這麼回事。"王記"就是王家的生意，"李記"就是李家的生意。怎麼樣，這可是你以前聞所未聞的吧？

乙：好，算你先得一分。現在我也來說一件你以前聞所未聞的事。我問你，你知道不知道中國字有名字？

甲：中國字有名字？這個倒沒聽說過。我只聽說過人有名字，商店有名字，馬路有名字，學校有名字，公司有名字，國家有名字，從來沒聽說過字有名字。

乙：沒聽說過吧？告訴你，這"張記水電行"的"張"字就有名字。

甲："張"字有名字？叫什麼？

乙：叫"弓長張"。

甲："弓長張"？

乙：對，左邊是弓字，右邊是長字，"弓長張"。我媽媽的姓也念zhāng，可是她的那個zhāng字，就有另一個名字，叫"立早章"。

甲："立早章"？

乙：對，上面一個立正的立字，下面一個早晨的早字，"立早章"。也就是文章的章。中文裡做姓的字，不少有名字。

甲：是嗎？那我姓李，這李字有名字嗎？

乙：有，叫"木子李"。

甲：于小敏的于……

乙："干勾于"。

甲：那王老師的王字呢？

乙："三橫王"。

甲：王老師的先生姓黃……

乙："草頭黃"。

甲：我媽媽姓吳。

乙："口天吳"。

甲：我姥姥姓胡。

乙："古月胡"。

甲：我奶奶姓許。

乙："言午許"。

甲：我爺爺姓徐。

乙："雙人徐"……哎，等一等，等一等，你姓李，你爺爺怎麼姓徐？

甲：那是我瞎編的，想考考你呢！

超级市场广告二则

词汇总表

一、中餐馆名字趣谈 （第一、二周）

1餐馆　　2名字　　3趣谈　　4移民　　5称呼　　6华裔　　7代表　　8后代　　9非洲

10亚洲　　11牙医　　12职业　　13洗衣店　　14电脑　　15工程师　　16教授　　17律师

18有增无减　　19发现　　20四川　　21醉香居　　22唐阿姨　　23清真　　24苏杭小馆

25火锅城　　26强　　27特点　　28烤鸭　　29希奇　　30地名　　31广东　　32回教　　33向来

34讲究　　35享受　　36美食　　37不仅　　38而且　　39风景　　40观赏　　41自古以来

42位置　　43受欢迎　　44久而久之　　45命名　　46怪不得　　47酒楼　　48意思

繁體

1餐館　　2名字　　3趣談　　4移民　　5稱呼　　6華裔　　7代表　　8後代　　9非洲

10亞洲　　11牙醫　　12職業　　13洗衣店　　14電腦　　15工程師　　16教授　　17律師

18有增無減　　19發現　　20四川　　21醉香居　　22唐阿姨　　23清真　　24蘇杭小館

25火鍋城　　26強　　27特點　　28烤鴨　　29希奇　　30地名　　31廣東　　32回教　　33向來

34講究　　35享受　　36美食　　37不僅　　38而且　　39風景　　40觀賞　　41自古以來

42位置　　43受歡迎　　44久而久之　　45命名　　46怪不得　　47酒樓　　48意思

二、不是"菜细"是"菜系" （第三、四周）

1菜系　　2讨教　　3观众　　4糟了　　5刀功　　6川菜　　7粤菜　　8京菜　　9扬菜

10西部　　11蒙　　12浓　　13绵羊　　14诚实　　15洗耳恭听　　16口味　　17辣椒　　18花椒

19舌头　　20麻辣豆腐　　21带劲　　22宫保鸡丁　　23鱼香肉丝　　24回锅肉　　25清淡

26海鲜　　27汤　　28煲　　29砂锅　　30炉子　　31煮　　32佛跳墙　　33鲜美无比　　34据说

35隔壁　　36菩萨　　37忍不住　　38尝一尝　　39清蒸　　40石斑鱼　　41咸中带甜

42红烧　　43肉丸　　44正宗　　45木须肉　　46台湾　　47士别三日　　48刮目相看

繁體

1菜系　2討教　3觀眾　4糟了　5刀功　6川菜　7粵菜　8京菜　9揚菜
10西部　11矇　12濃　13綿羊　14誠實　15洗耳恭聽　16口味　17辣椒　18花椒
19舌頭　20麻辣豆腐　21帶勁　22宮保雞丁　23魚香肉絲　24回鍋肉　25清淡
26海鮮　27湯　28煲　29砂鍋　30爐子　31煮　32佛跳牆　33鮮美無比　34據說
35隔壁　36菩薩　37忍不住　38嚐一嚐　39清蒸　40石斑魚　41咸中帶甜
42紅燒　43肉丸　44正宗　45木鬚肉　46台灣　47士別三日　48刮目相看

三、做川菜 （第五、六周）

1指教　2形状　3名称　4薄薄　5扁　6柳　7末　8茸　9准备　10姜　11蒜
12芡粉　13盐　14酱油　15拌匀　16小碗　17味精　18滋汁　19油炸　20花生米
21炒锅　22旺火　23熟　24醋　25铲　26菜盘　27端　28鲜嫩　29换　30真棒
31试着　32火柴棒　33长短　34粗细　35无名指　36葱　37木耳　38蔬菜　39笋
40注意　41一般　42猪肝　43甚至　44菜胆　45茄子　46大同小异　47彼此

繁體

1指教　2形狀　3名稱　4薄薄　5扁　6柳　7末　8茸　9準備　10姜　11蒜
12芡粉　13鹽　14醬油　15拌匀　16小碗　17味精　18滋汁　19油炸　20花生米
21炒鍋　22旺火　23熟　24醋　25鏟　26菜盤　27端　28鮮嫩　29換　30真棒
31試著　32火柴棒　33長短　34粗細　35無名指　36葱　37木耳　38蔬菜　39笋
40注意　41一般　42猪肝　43甚至　44菜膽　45茄子　46大同小異　47彼此

四、"张记水电行" (第七、八周)

1约好　2对方　3闻所未闻　4赢　5一块　6牌子　7认识　8合起来　9相信

10张记　11水电行　12嘴巴　13记录　14念作　15修理　16商店　17银行

18药材行　19中药　20关系　21记号　22准确　23马路　24公司　25文章

26于小敏　27先生　28吴　29胡　30徐　31瞎编　32超级市场　33保证　34价钱

35价格　36品质　37低廉　38烧腊　39龙虾　40螃蟹　41新鲜蔬菜　42生猛海鲜

43各类罐头　44服务亲切　45供应　46干净卫生　47种类繁多　48应有尽有

繁體

1約好　2對方　3聞所未聞　4贏　5一塊　6牌子　7認識　8合起來　9相信

10張記　11水電行　12嘴巴　13記錄　14念作　15修理　16商店　17銀行

18藥材行　19中藥　20關係　21記號　22準確　23馬路　24公司　25文章

26于小敏　27先生　28吳　29胡　30徐　31瞎編　32超級市場　33保證　34價錢

35價格　36品質　37低廉　38燒臘　39龍蝦　40螃蟹　41新鮮蔬菜　42生猛海鮮

43各類罐頭　44服務親切　45供應　46乾淨衛生　47種類繁多　48應有盡有

皮皮鲁和鲁西西

皮皮鲁和鲁西西是作家郑渊洁叔叔写的童话里的两个小主人公。郑渊洁叔叔告诉我们：

"皮皮鲁今年读四年级。

他刚生下来时，就把医生吓了一跳！医生用 X 光给小皮皮鲁一照，发现他的胆特别大，像个大馒头似的。后来医生仔细一看，皮皮鲁是个男孩子，他才不那么大惊小怪了。男孩子嘛，胆总要比女孩子的大一些，要不，怎么叫男孩子呢！

"皮皮鲁还有一个双胞胎的妹妹，叫鲁西西。她的胆特别小，小得都看不见。医生同皮皮鲁的爸爸和妈妈商量了一下，把皮皮鲁的胆给了鲁西西一点。皮皮鲁和鲁西西一点都不知道。要不然，皮皮鲁更该笑话妹妹了。

"既然鲁西西是皮皮鲁的妹妹，为什么不和皮皮鲁同一个姓？原来，在他们出生以前，他们的爸爸和妈妈商量好，生男孩跟爸爸姓，生女孩跟妈妈姓。结果，他们生了一对双胞胎——一男一女。于是，男孩子跟爸爸姓皮，女孩子跟妈妈姓鲁，一个叫皮皮鲁，一个叫鲁西西。"

这学期我们给大家介绍皮皮鲁和鲁西西的几个故事。读了以后，你就会知道他们是怎样的孩子了。如果你想知道更多的皮皮鲁和鲁西西的故事，可以去找郑渊洁叔叔写的其他的童话来读。

希望皮皮鲁和鲁西西成为你们的好朋友。

牛魔王新传

第一章 深夜怪影

皮皮鲁藏在鲁西西房间壁橱 (closet) 里。

壁橱门开着细细的一条缝儿，皮皮鲁的目光透过黑暗注视着窗户。

挂在墙上的时钟敲响了深夜12点的钟声。

昨天夜里，妹妹鲁西西在睡梦中朦朦胧胧看见一个黑影子，从窗户闪进她的屋里，她还没来得及喊，黑影子又从窗户飘出去了。今天早晨，她把这事告诉了皮皮鲁。

皮皮鲁让妹妹先别和爸爸妈妈说。他决定今天晚上亲自来看看那个黑影子到底是什么东西。要知道，皮皮鲁家住二层楼啊！能从窗户进来的人，本事一定不小！

皮皮鲁真希望自己也能学会这样的功夫！说不定，还可以拜那黑影做师父呢！

从晚上10点开始，皮皮鲁就躲在妹妹房间的壁橱里。他准备好一个手电，一根棍子。

鲁西西在床上假装睡觉，大气也不敢出。

忽然，窗帘 (window curtain) 抖了一下。皮皮鲁定睛看看，没动静，大概是风刮的。

皮皮鲁出了口长气，刚想闭会儿眼睛，忽然觉得从外边吹进来一股冷气。说时迟，那时快，只见一个黑影子从窗户外边飘了进来，落在地上一点儿声音都没有。

皮皮鲁屏住呼吸，看那黑影想干什么。

只见黑影子飘到挂历 (calendar) 跟前，默默地看挂历。

"他看挂历干什么？"皮皮鲁心想。他感觉到这黑影挺可怕，像书里描写的妖怪一样。越是可怕，皮皮鲁就越想看看是什么东西。

皮皮鲁吸了口气，一下子从壁橱里冲出来。他打开手电，一道刺眼的亮光直射黑影。

真是个怪物！牛头，人身子，还骑着一个说不出名字的动物。皮皮鲁吓得喘不过气来。鲁西西赶紧用被子蒙住头。

那怪物回头一看是个男孩子，就停在原地没动。

"你……你……是谁？到……到我家……来干什么？"皮皮鲁看见怪物站在原地不动，就壮着胆子问。

"你不认识我？"怪物觉得奇怪。

"我？认识你？"皮皮鲁看看怪物，还真有点儿面熟。

"我是牛魔王啊！"那怪物自我介绍说。

"牛魔王！"皮皮鲁大吃一惊。他再仔细一看，真是《西游记》里的牛魔王！

"你，你还活着？"

"当然活着。我听说今年是我们牛年，特地来人间看看。没想到我的名声不好，人们都讨厌我，连个落脚的地方也没有，唉。"牛魔王叹了口气。

皮皮鲁同情牛魔王了。是啊，人家大老远来到人间，为什么对人家冷淡呀？就因为人家几千年前没借给孙悟空芭蕉扇吗？人家不是已经认错了吗？

"你就在我们家休息一下吧，我们欢迎你！"皮皮鲁关了手电，拉开电灯。

牛魔王惊讶地睁大了眼睛。看得出，

他很感激皮皮鲁对他的同情。

"我叫皮皮鲁，这是我妹妹鲁西西。"

皮皮鲁一边说一边把鲁西西从床上拉起来，介绍给牛魔王。鲁西西吓得不敢看牛魔王。

"你去给牛魔王拿点儿吃的，轻点儿，别把爸爸妈妈惊醒了。"皮皮鲁吩咐妹妹。

鲁西西绕着牛魔王走，去厨房拿吃的。

"你骑的这是什么呀？"皮皮鲁问牛魔王。

"这是避水金睛兽。"牛魔王一边说，一边从避水金睛兽身上下来，指着墙上的挂历问："这画上画的全是牛？"

原来牛魔王刚才是在看挂历上的牛！皮皮鲁急忙告诉他，因为今年是牛年，所以到处都画了牛。

看得出牛魔王挺<u>得意</u>。

鲁西西端来了一盘肉。她还是不敢靠近牛魔王。

"别怕，我变个模样！"牛魔王说完，吸了口气，转眼间变成了一个漂亮的小伙子。

皮皮鲁眼睛一亮，他想起来了，牛魔王也会七十二变！皮皮鲁激动了。

牛魔王到人间第一次吃上饭，他高兴极了。他觉得皮皮鲁兄妹心眼儿好，很想为他们做点什么事。

第二章 引火烧身

牛魔王刚刚吃完饭，只听见外边<u>喊声四起</u>，火光冲天。皮皮鲁跑到窗前往外一看，是附近的一座大楼<u>失火</u>了！

"快去救火！"皮皮鲁拿起一个脸盆就要往外跑。

"等一等！"牛魔王拉住了皮皮鲁。

"给你这个！"牛魔王从嘴里吐出一把小扇子，杏叶般大小。

"这是什么？"皮皮鲁不明白。

"芭蕉扇！"鲁西西<u>脱口而出</u>。她记起牛魔王的夫人叫铁扇公主，芭蕉扇是铁扇公主的宝贝。

皮皮鲁高兴得差一点儿大喊一声。

是啊，芭蕉扇连火焰山的火都能扇灭，一座楼根本<u>不在话下</u>。

牛魔王把使用芭蕉扇方法教给皮皮鲁。

"你们在这儿等着，我马上就回来。"皮皮鲁对牛魔王和鲁西西说。他说完，跑出屋子。哈哈，我现在有宝贝了，比救火车还厉害！皮皮鲁兴奋极了。

大火把半边天都映红了。消防队 (the fire engine) 还没来，人们<u>干着急</u>，没办法，谁也不敢靠近火。

皮皮鲁悄悄掏出芭蕉扇，用左手大拇指摸着扇柄上第七缕红丝，嘴里念了一声"吸嘻吹乎"。

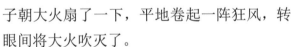

芭蕉扇变大了。

皮皮鲁举着扇子朝大火扇了一下，平地卷起一阵狂风，转眼间将大火吹灭了。

人们<u>惊呆</u>了，你看我，我看你。皮皮鲁把芭蕉扇缩小，藏进口袋，准备回家。

忽然，一个中年人走过来，一把揪住了皮皮鲁的衣服领子。

"你这是干什么？"皮皮鲁大声问。

"你是放火的坏蛋！"那个中年人叫着。

"你胡说！"皮皮鲁火了。

"快来抓放火的坏蛋！我亲眼看见他用扇子扇火，还想让火烧大些！"中年人叫得更响了。

"你！"皮皮鲁无话可说。他不能把牛魔王的秘密 (secret) 告诉别人。

人们一拥而上，把皮皮鲁团团围住。

这时候，救火车和警车一起赶到了。人们纷纷向警察 (policemen) 报告，说皮皮鲁是放火的坏蛋。警察二话不说，就把皮皮鲁带走了。

那个抓住皮皮鲁的中年人看着警察带走了皮皮鲁——他才是真正的放火的坏蛋。他是一个犯罪集团 (gang) 的成员。他们的计划是，先放火烧楼，然后趁人们来救火的时候，去抢劫银行 (rob the bank)。没想到，大火刚烧起来，就被这小孩扑灭了。

再说牛魔王和鲁西西在屋里等了半天，不见皮皮鲁回来，看看窗外，大火已经熄灭，街上一个人也看不见了。

牛魔王起了疑心：是不是皮皮鲁得了芭蕉扇，逃跑了？

牛魔王火了：刚同人交上朋友就受了骗，何况还是个孩子。只见牛魔王一抖身体，现了原形，怒睁双目。吓得鲁西西直往后退。

牛魔王骑上避水金睛兽，从窗户冲了出去，冷风把屋里的东西刮得乱七八糟。鲁西西知道牛魔王是去找皮皮鲁算帐，她为哥哥捏了一把汗。

牛魔王在失火的那座楼房旁转了一圈，没见皮皮鲁的影子，这难不住他。牛魔王拍拍避水金睛兽的脑袋，避水金睛兽立刻低头在地上闻着。它闻到皮皮鲁的气味，然后顺着气味追踪而去。

牛魔王越想越生气，他发狠要好好教训皮皮鲁，弄不好让他脑袋搬家！

避水金睛兽驮着牛魔王来到了一个大门前。牛魔王推了推门，门锁着。牛魔王飞身上了墙头，只见皮皮鲁正坐在一间屋子里，向两个警察说着什么。

"原来是向警察告发 (inform against) 我来了！"牛魔王恍然大悟！他断定皮皮鲁是假装把他当作朋友，实际上认定他就是那个不肯借给孙悟空芭蕉扇的坏蛋。哈，狡猾的皮皮鲁，这回要让你尝尝我牛爷爷的厉害！

牛魔王自从被孙悟空打败，跟着观音菩萨修行，早已不做坏事了。想不到人们还用老眼光看他，认定他是坏蛋魔王。你想，牛魔王能不生气吗？

牛魔王悄悄来到窗前。他吸了一口气，往屋里使劲一吹。只见屋里的人全被吹倒了，电灯也被吹灭了，房间里漆黑一片。

牛魔王乘机钻进屋里，抓起皮皮鲁扬长而去。等警察们睁开眼睛，皮皮鲁已经不见了！

警察们骑上摩托车就追。可摩托车哪追得上牛魔王的避水金睛兽啊！几分钟工夫，皮皮鲁已经被牛魔王弄到一千里以外的深山里去了。

第三章 皮皮鲁大战牛魔王

皮皮鲁正回答警察的问题，忽然屋里起了一阵狂风。他还没明白是怎么回事，就觉得被人抓住了身体，紧接着像腾云驾雾一样，耳旁的风刮得呼呼的。皮皮鲁睁开眼睛一看，是牛魔王！

皮皮鲁明白了，牛魔王一定是想把他抓到一个什么地方去，然后吃了他。皮皮鲁没想到牛魔王还是像原来那么坏，他有点儿后悔自己不该轻信牛魔王。

牛魔王把皮皮鲁带到一座深山里，把他扔到地上。

皮皮鲁咬着牙站起来，看着朝自己一步步逼过来的牛魔王。

忽然，皮皮鲁想起了衣袋里的芭蕉扇。他悄悄地把手伸进衣袋，掏出了芭蕉扇。他摸着扇柄上第七缕红丝，大喊一声：

"吸嘻吹乎！"芭蕉扇立刻变大了。

皮皮鲁举起芭蕉扇朝牛魔王用力扇去。牛魔王没想到皮皮鲁会来这一手，一瞬间被扇出去了几千里。

皮皮鲁乐了，现在他不怕牛魔王了。

皮皮鲁想马上回家，可他不认识路，分不清东南西北。正当他抬头在天上找北极星的时候，只觉得身边刮起一阵冷风。皮皮鲁扭头一看，牛魔王回来了，真够快的！

皮皮鲁没等牛魔王站稳，又是一扇子。牛魔王第二次被扇得无影无踪。

这回牛魔王可真傻了眼，连皮皮鲁的身体都无法靠近！

牛魔王摇身一变，变成一个老大爷，悄悄回到深山里，朝皮皮鲁走去。

听见脚步声，皮皮鲁急忙回头，见是一位老大爷，便放下举起的扇子。

"这么晚了，你怎么一个人在深山老林里？""老大爷"问皮皮鲁。

"我是被坏蛋抓到这儿的。"皮皮鲁说。

"真会<u>瞎编</u>，我倒成了坏蛋了。"牛魔王心想。

"你手里拿的是什么东西？""老大爷"问。

"扇子。"皮皮鲁把扇子藏在身后。

"天不热呀，你要扇子干什么？""老大爷"又问。

"您知道这儿离 B 城有多远吗？"皮皮鲁没有回答老大爷关于扇子的提问。

"这儿离 B 城可远啦，足有一千多里呢！""老大爷"说。

"这个牛魔王，真坏！"皮皮鲁一听说这儿离 B 城有一千多里，忍不住骂了一句。

"老大爷"一听吓了一跳，还以为皮皮鲁认出了自己，再一看，皮皮鲁没举扇子，

这才放心了。

"你看那边是什么？""老大爷"用手指指皮皮鲁的身后。

皮皮鲁一回头，"老大爷"从他手上一把夺走了芭蕉扇。皮皮鲁一惊，哪儿还有什么老大爷，只见牛魔王站在他面前。

这回皮皮鲁没办法了。"不算本事！"皮皮鲁<u>不服气</u>。

"什么算本事？难道你骗我的芭蕉扇算本事？"牛魔王反问皮皮鲁。

"骗你芭蕉扇？是你自己给我的！"皮皮鲁大声回答。

"我是让你去救火，没让你去报告警察呀！"牛魔王越说火越大。

"报告警察？"皮皮鲁恍然大悟，原来是牛魔王<u>误会</u> (misunderstand) 了！

皮皮鲁把他被警察带走的经过说了一遍。

"有这么坏的人？"牛魔王<u>半信半疑</u>，他实在不能相信有人会欺负一个孩子。要知道，牛魔王跟观音菩萨修行以前都不欺负小孩儿！

"我帮你去把那个欺负你的人找出来！"牛魔王要助皮皮鲁一臂之力。

"太好了！咱们再把真正的纵火犯抓起来！"皮皮鲁说。

"天快亮了，咱们这就走。"牛魔王骑上避水金睛兽。皮皮鲁坐在牛魔王身后。避水金睛兽<u>腾空而起</u>，直朝 B 城飞去。

第四章 牛魔王中弹

当牛魔王和皮皮鲁到达 B 城的时候，天已经蒙蒙亮了。

避水金睛兽落在地上，皮皮鲁和牛魔王下来，一前一后朝城里走去。

皮皮鲁刚拐过一个弯，突然从墙角冲出两名警察。

"别动，你被捕了！"警察大喝一声。

皮皮鲁弄不清是怎么回事。原来，全城的警察都出动了，正在抓"放火的坏蛋"皮皮鲁。

这时，跟在皮皮鲁身后的牛魔王猛然出现在警察面前，警察吓了一跳，不知这是什么怪物。

牛魔王抓起皮皮鲁就跑。警察开枪了！

子弹打伤了牛魔王的胳膊。避水金睛兽驮上主人和皮皮鲁，转眼就跑得没影了。皮皮鲁发现全城到处都是警察，他成了被通缉的逃犯 (a criminal at large under a wanted-notice) 了。

"他们拿的是什么兵器？"牛魔王用手按住伤口，问皮皮鲁。

"枪。枪里有子弹，可厉害了！"皮皮鲁告诉牛魔王。

"幸亏当年孙悟空没这玩意儿！"牛魔王感叹道。

"我们得想办法把你胳膊里的子弹取出来！"皮皮鲁看到牛魔王的伤口流血不止。

"你会取吗？"牛魔王问。他没想到，来人间过牛年会挨一枪。

"我可不会。这得去医院。"皮皮鲁看看四周。"到处都在抓咱们，怎么去医院呢？"皮皮鲁为难了。

"咱们可以变化嘛！"牛魔王提醒皮皮鲁。

"你能把我也变了吗？"皮皮鲁问。

"当然行。"牛魔王念起咒语，接着朝皮皮鲁轻轻吹了口气。皮皮鲁变成了一个

小伙子。牛魔王摇身一变，又是一个小伙子！

皮皮鲁觉得身体一下子长高了这么多，真带劲儿啊！

"这避水金睛兽？"牛魔王看着自己的座骑，拿不定主意要把它变成什么。

"变辆汽车吧！"皮皮鲁提议。避水金睛兽转眼间变成了一辆黑色的汽车，而且是自动驾驶的。

皮皮鲁和牛魔王钻进汽车，朝城里开去。避水金睛兽变的汽车还真舒服，开得又快又稳。皮皮鲁真想拜牛魔王为师，把他的本领学到手。

"哎，站住！"皮皮鲁发现路口是红灯，可避水金睛兽没停车，闯了过去。

原来，避水金睛兽根本不知道遇见红灯要停车。

交通警察驾着摩托车从后边追上来。警察立刻发现这是一辆没有牌照 (license plate) 的汽车。牛魔王哪里懂得给汽车变出一块牌照啊！

"拦住那辆没牌照的小车！"骑摩托车的警察一边追一边向前方路口的警察呼叫。

"快跑！"皮皮鲁催避水金睛兽。

小黑车像箭一样飞驰着，把身后的警察甩下了。

前方路口红灯！几个警察正骑在发动着的摩托车上。

"冲过去！"皮皮鲁给避水金睛兽加油。

汽车擦着警察的鼻子开过去。

警察被激怒了，大喝一声："追！"

"你看前边！"皮皮鲁指给牛魔王看。

前方路口被大卡车堵死了，这是警察专门调来拦截小黑车的。

"没关系。"牛魔王一点儿不慌，还催避水金睛兽再快点儿！

眼看着就要同大卡车撞上了！皮皮鲁吓得闭上了眼睛。

奇怪，皮皮鲁觉得车身忽然升了起来。他睁开眼睛一看，原来小黑车从卡车上边飞了过去。

"你别忘了，这是避水金睛兽变的！"牛魔王提醒皮皮鲁。

皮皮鲁高兴得直拍手——牛魔王的本领实在太大了。

避水金睛兽变的黑色汽车降落在一条<u>僻静</u>的街道上。皮皮鲁说："快把汽车变个样，再加上一块牌照。"

牛魔王又念起咒语，转眼间小黑车变了样，还挂上了牌照。

皮皮鲁和牛魔王坐着新车从几名交通警察眼皮下边开过去，他们没认出来。

"前边就是医院，咱们先去治伤，我妈妈在那个医院当医生。"皮皮鲁告诉牛魔王。

第五章 母子相认

皮皮鲁和牛魔王把汽车停在医院门口。牛魔王第一次进医院，觉得十分<u>新鲜</u>。

"你坐在这儿等会儿，我进去看看。"皮皮鲁让牛魔王坐在走廊 (hallway) 的长椅子上等他。

皮皮鲁刚走进急诊室 (the emergency room)，就听见一位医生在接电话。

"什么？凡是来治枪伤的就报告警察？行！"医生挂上了电话。

皮皮鲁傻眼了。看来，公安局已经通知所有的医院了。

"快走！"皮皮鲁回到走廊，小声对牛魔王说。

皮皮鲁把牛魔王带到楼梯拐弯处，牛魔王问："怎么了？"

皮皮鲁说："医院已接到命令，凡是来治枪伤的就抓起来。"

"那就别治了！"牛魔王不在乎。

"这可不行。要是感染 (be infected) 了，弄不好要把胳膊锯掉呢！"皮皮鲁说。

牛魔王吓了一跳："要是来人间过牛年，丢掉一条胳膊，那可不值得呀！"

"我看，警察是在抓坏蛋，咱们也是抓坏蛋，我们合在一起抓得了！"皮皮鲁提议。

"那不行！你想，警察能相信我这个牛魔王吗？就算我变成你们人的样子，别人如果向我要证件 (ID)，我有吗？"牛魔王不同意。

"这倒是。"皮皮鲁觉得牛魔王说得有道理。就在这时，皮皮鲁看见妈妈从楼梯上走下来。

"妈妈！"皮皮鲁<u>不由自主</u>地喊。

皮皮鲁的妈妈一楞，一个不认识的大小伙子在叫她妈妈！

"你……"妈妈不知道说什么好。

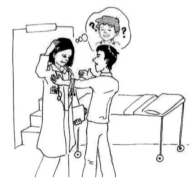

"我是皮皮鲁。"皮皮鲁小声说。妈妈觉得这声音还真像皮皮鲁。可皮皮鲁<u>一夜未归</u>，而且公安局在全城搜捕他，说是他加入了犯罪集团！这个小伙子会不会是个坏蛋？妈妈警惕了。

"你认识皮皮鲁？"妈妈突然问。

"什么认识，我就是啊！"皮皮鲁忘了自己变成了另外一个人了。

"你说你是我儿子，你知道我在哪个房间给病人看病吗？"妈妈问小伙子。

"当然知道。"皮皮鲁笑笑。

"你领我去看看？"妈妈问。

"走。"皮皮鲁朝牛魔王挥挥手，让牛魔王跟着他走。

皮皮鲁一口气走进了妈妈工作的房间。

"妈妈，你给他把子弹取出来吧！"皮皮鲁让妈妈看牛魔王胳膊上的伤。

"子弹！"现在妈妈一听，她扭头就往外跑，被皮皮鲁拉住了。

"来——"妈妈大声喊"来人"，"人"字还没出口，被皮皮鲁堵住了嘴。

牛魔王急中生智，把皮皮鲁恢复成了他原来的模样。

妈妈突然感到眼前的小伙子变矮了，再一看，啊，皮皮鲁！

"皮皮鲁，你？"妈妈不明白这是怎么回事。

牛魔王把门关上，皮皮鲁把经过告诉妈妈。妈妈无论如何也不相信那位小伙子是牛魔王变的。再说昨晚鲁西西也说什么"牛魔王"，她还以为鲁西西说梦话呢！

"妈妈，这是真的！您快给牛魔王治伤吧！"皮皮鲁恳求妈妈。

"可是咱们不能去手术室 (operating room) 啊！"妈妈有些相信了。

"找个没人的地方就行。"牛魔王说。

"太平间 (reposing room) 没人，去太平间吧！"皮皮鲁提议。

"好吧。"妈妈同意了。

第六章 太平间幽灵

牛魔王又把皮皮鲁变成小伙子，然后三个人悄悄来到医院的太平间。

太平间是医院专门停放死尸 (corpse) 的地方，平时没人来。一具具尸体躺在停尸车上，尸体上盖着白色被单 (sheets)。

皮皮鲁的妈妈让牛魔王躺在一辆空车上，她开始给牛魔王取子弹。

皮皮鲁站在一边。第一次进太平间，他觉得挺害怕。

妈妈聚精会神地给牛魔王作手术。

突然，皮皮鲁听到里边那间屋子传出一阵轻微的声音。那也是一间停放死尸的房间。

皮皮鲁轻轻走到那个房间的门口，慢慢把头探过去，往里一看：十几台停尸车整齐地排成一排，白色的被单盖着一动不动的尸体。

房间里没人。

可皮皮鲁刚才明明听见有动静啊！

皮皮鲁仔细观察每一具尸体。他猛然发现第三辆停尸车的尸体微微上下起伏着，是在呼吸！

皮皮鲁差点儿喊出声来，他拼命堵住自己的嘴。

死人活了？鬼 (ghost)？皮皮鲁回头看了看妈妈，手术还没完。皮皮鲁决定等手术完了再告诉他们。

皮皮鲁死盯着那具起伏的尸体。他越来越忍不住了，想知道那白被单下边究竟是什么。

皮皮鲁刚想进去看看，就听见妈妈说："好了。"

妈妈从牛魔王胳膊里取出了一颗子弹。

牛魔王刚坐起来，太平间大门外边传来了脚步声和哭声。

"糟了，有人来推尸体了！"妈妈慌了。

"快躺在停尸车上，盖上被单！"又是牛魔王急中生智。

皮皮鲁、妈妈和牛魔王用最快的速度各躺在一台停尸车上，又拿白被单把全身盖上，装死人。

大门打开了，进来一位护士(nurse)和哭哭啼啼的死者家属(relatives)。

护士走到牛魔王装死的停尸车旁，说："就是这个。"

人们围着牛魔王大哭起来。

护士推着牛魔王往外走去。

大门关上了。

皮皮鲁和妈妈忙从停尸车上跳下来。

"妈妈，你快去看看牛魔王！"皮皮鲁急了。他没想到护士的工作这么马虎。

妈妈出去了。

皮皮鲁一个人在太平间里，他又听见了里间的响声。

皮皮鲁来到那个房间的门口，悄悄探出头，只见那具会呼吸的"死尸"披着白被单站了起来，下了地，朝门口走去。

皮皮鲁急忙闪到门旁。等那个白色的幽灵刚走出门来，皮皮鲁从后边扑上去，一把将它抱住。白被单掉了，是个活人！

皮皮鲁再一看，正是那个抓住自己的中年人！

中年人猛一抬胳膊，把皮皮鲁甩开了。他当然不认识变成小伙子的皮皮鲁了。

"行，够胆儿！"中年人伸出大拇指。

"你是谁？干什么躺在这儿装死人？"皮皮鲁问。

"你刚才不是也装死人了吗？"中年人狡猾地笑了笑，"咱们是一样的！"

"一样的？"皮皮鲁不明白。

"我早就跟上你们了！你们还真够意思，那么多警察都抓不住你们，好样的！"中年人说。

"你跟我们干什么？"皮皮鲁问。

"咱们一起干吧？"中年人想让皮皮鲁和牛魔王加入他们的犯罪集团(gang)。

"你们有多少人？"皮皮鲁乘机问，他想把他们一网打尽。

"这个嘛，待会儿再告诉你。先跟我到我们的总部(the headquarter)去一趟。"中年人说道。

皮皮鲁决定跟那中年人去看看。可牛魔王不在，他自己一个人去，行吗？

第七章　孤身入魔窟

中年人要拉皮皮鲁和他们一起干坏事。

"等等我的朋友。"皮皮鲁想等牛魔王一起去。

"别等了，夜长梦多。再说他怎么脱身呢？"中年人认定牛魔王早被人抓住了。

皮皮鲁为了不引起中年人的怀疑，一横心，跟着他走了。

"那是你的汽车吧？"中年人指着医院门口停着的车问。

皮皮鲁点点头，他想出找牛魔王的方法了。

皮皮鲁拉开车门，让中年人先上车。

"这车什么牌子？还真漂亮！"中年人赞不绝口。

"避水金睛牌。"皮皮鲁坐在驾驶座上，作出开车的样子。

"往北，往西，对，再往东。"中年人给皮皮鲁指路。

汽车在一片小树林里的一个防空洞 (air raid shelter) 旁边停下了。

"对了，听说警察好像抓了一个放火的小坏蛋，不知是怎么回事？"皮皮鲁好像忽然想起这么一件事，随口问道。

"那是我干的！那天夜里是我放的火。我们原打算趁人们救火的时候，抢附近一家银行。没想到那个孩子用扇子一扇，把火弄灭了！气得我直咬牙！"中年人边下车边说。

皮皮鲁<u>恨不得</u>一口吃了他。

"这就是我们总部 (the headquarters)。"中年人指指防空洞 (air raid shelter)。

皮皮鲁下了汽车，使劲儿关车门。他这是<u>示意</u>避水金睛兽一会儿去叫牛魔王。

皮皮鲁跟着中年人走进防空洞。

"谁？"黑暗中传出一声沙哑的大吼。

"笑面虎。"中年人回答。

皮皮鲁知道了中年人的外号叫"笑面虎"。

"后边跟着谁？"洞里又问了一声。

"我新带来的。"笑面虎得意地说。

皮皮鲁和笑面虎朝防空洞深处走去。也不知拐了多少个弯，终于看到了亮光。

"你在这儿等会儿。"笑面虎对皮皮鲁说。皮皮鲁点点头。

笑面虎拉开一扇门，钻进去。

皮皮鲁听到门里传出了说话声。

"头儿，这小子<u>不简单</u>，还有汽车呢！"笑面虎的声音。

"可靠吗？"头儿不放心，"别是警察装的。"

"警察正抓他们呢。另一个还挨了一枪！"笑面虎回答。

皮皮鲁想看看头儿长得什么样，然后就去公安局报告。他的脸挨在门上，使劲儿看。就在这时，两只大手像铁钳一样掐住了他的喉咙。

皮皮鲁被人从背后拎着推到了头儿跟前。

"这小子偷偷听你们说话！"抓皮皮鲁的人向头儿报告。

"嗯——"头儿一抬脸，皮皮鲁吃了一惊。这是全国通缉的在逃犯 (a criminal at large under a wanted-notice)！半年了，还没抓住他，原来藏在这儿！

皮皮鲁从通缉令 (the order for arrest) 上知道，这家伙枪杀了十几个人，是个杀人不眨眼的罪犯。

"你是什么人？说！"头儿突然大喝一声。

"被警察<u>追捕</u>的人。"皮皮鲁很<u>镇静</u>，他说的是真话。

"杀了。"头儿从牙缝里蹦出两个字。

第八章 牛魔王大战群魔

"我是来<u>投奔</u>你们的，为什么杀我？！"皮皮鲁在拖时间。

"骗人！"头儿一眼就看出皮皮鲁不是他们一路人。

"报告头儿，他的汽车不见了！"一个人进来说。

笑面虎一听慌了，一把揪住皮皮鲁的脖领子，吼道："快说，车上还藏着谁？"

"就咱俩呀！"皮皮鲁知道避水金睛兽去接牛魔王，心头燃起一线希望。

"少跟他废话！"头儿从腰间拔出一把匕首 (a dagger)，扔给笑面虎。

笑面虎拿着匕首，朝皮皮鲁走来。

"头儿，那辆车又来啦！"门口放哨 (to stands entry) 的跑进来报告。

"车上坐着警察吗？"头儿紧张了。

"不是，是一个小伙子。"

"我去看看。"笑面虎扔下匕首，跑了出去。

不一会儿，两个人押着牛魔王进来了。

牛魔王看见皮皮鲁还活着，松了口气。

"又来一个送死的！"头儿狞笑着。

"送死？"牛魔王故意逗他。"怎么死法？"

"放肆！"头儿拔出匕首，朝牛魔王丢去。

匕首碰到牛魔王身上，就像碰到石头上，发出"当啷"一声，掉在地上。

头儿知道牛魔王功夫不浅，急叫道："还不快上，杀了他！"

几个坏蛋一拥而上，要抓牛魔王。

牛魔王轻轻一抖肩膀，坏蛋全都摔倒在地上。

头儿拔出手枪，对准了牛魔王。

这回牛魔王傻眼了，他怕子弹。

在这千钧一发之际，皮皮鲁扑了上去，死死抓住头儿的手腕。

枪响了，子弹打在墙壁上，冒出火花。

头儿把皮皮鲁一推，皮皮鲁被推倒在地。当头儿第二次举起枪的时候，他呆住了。

牛魔王现了原形，张着血盆大口瞪着他。

头儿只觉得勾着枪机的手指直打哆嗦，手腕也乱晃，明明枪里有子弹，就是打不出来。

牛魔王飞起一脚，把头儿手枪踢掉了。

那家伙大叫一声，手腕已经断了。

牛魔王一边捡起手枪，一边自言自语："下次再碰上孙悟空，我可不怕他了。"

这时，犯罪集团的小喽罗们纷纷往洞外跑。没想到，避水金睛兽早就把洞口堵死了。

笑面虎看到没退路了，就大喊道："弟兄们，反正活不成了，跟他拼啦！"

坏蛋们拿着各种凶器朝牛魔王扑来。

"你躲在我身后。"牛魔王对皮皮鲁说。

"把你的芭蕉扇给我。"皮皮鲁说。

"可别对着我扇！"牛魔王把芭蕉扇给了皮皮鲁。

一批坏蛋冲了上来。

牛魔王拳打脚踢，他们哪里是牛魔王的对手啊！

第二批坏蛋冲上来了。

"你让开！"皮皮鲁推开牛魔王，举起芭蕉扇朝坏蛋轻轻扇了扇。

平地卷起一阵狂风，把坏蛋狠狠朝水泥墙摔了过去。当场摔死五个！

这下坏蛋知道这二位的厉害了，纷纷跪下来求饶。

"把他们都送到警察那儿去。"皮皮鲁对牛魔王说，"捆起来吧！"

"牛年嘛，得有点牛年的特点，给他们都戴上鼻环。"

牛魔王变出了几十个鼻环，要把罪犯的鼻子穿上孔，套上环。

"这……不合适吧？"皮皮鲁说。

"这回你得听我的。"

"嗯，一定是他对人给牛穿鼻子有意见。"皮皮鲁猜想。

所有的鼻环都被一根绳子连在了一起。

皮皮鲁拉着绳子头，出了防空洞。

牛魔王把避水金睛兽变成了一辆大车。坏蛋都被押上了车。

"你还得变成人，"皮皮鲁提醒牛魔王。牛魔王又变成一个小伙子。

"把我变回去。"皮皮鲁说。皮皮鲁<u>恢复</u>了原样。

"在逃犯抓住了！"警察们高兴极了。

"是谁抓住的？"

"就是那个小纵火犯！"

"我们<u>错怪</u>他了！"

"他怎么抓的？"

"反正有点儿神！"

公安局长亲自接见了皮皮鲁和牛魔王。

"你叫什么名字？"局长问牛魔王。

"唔……<u>无可</u>奉告。"牛魔王耸耸肩。

局长笑了。他理解牛魔王，不问了。

"这么说，那场火是你扑灭的？"局长问皮皮鲁。

皮皮鲁点点头。

局长也不问皮皮鲁一个人怎么能扑灭大火，反正他相信皮皮鲁能扑灭——两个人抓了这么多罪犯！本事不小嘛。

皮皮鲁和水姑娘

这天早晨，皮皮鲁起床后去洗脸。他把脸盆放在水龙头下面，打开开关，水"哗哗"地流出来。

皮皮鲁伸手准备关水龙头。

"别关！别关！我的胳膊 (the arm) 还没出来呢！"

一个小姑娘的声音。

皮皮鲁把手缩了回来。

"行啦，关吧！"

皮皮鲁顺从地把水龙头关上。

"谢谢。"

从脸盆里传出来的声音。

可脸盆里除了半盆水以外，什么也没有啊！

"你是谁？"皮皮鲁惊奇地问。

"我是水姑娘。"

"水姑娘？会说话？还有胳膊？"

"那当然，没胳膊怎么拿东西！"

皮皮鲁不敢相信自己的耳朵，他瞪大眼睛使劲儿往脸盆里看。真的，他似乎看见一个透明的水孩子在脸盆里，真是个小姑娘。

"我天天用水洗脸，怎么没见过你？"皮皮鲁想不通。

"还问呢！你要不就是关得早，要不就是关得晚，总没有合适的时候。今天要不是我喊一声，胳膊又被你给关在水管子里了！"水姑娘还挺生气。

"真对不起。"皮皮鲁抱歉地说。

"别说对不起呀，我还得感谢你呢！"水姑娘觉得自己的话说重了，

挺不好意思，"我给你唱个歌吧？"

"你会唱歌？"皮皮鲁睁大眼睛。

"爱听歌吗？"

"嗯。"

水姑娘唱起了歌。那歌声悠扬动听，像小溪轻轻擦着鹅卵石流过，像小河拍打着岸边的土坡……

皮皮鲁被水姑娘的歌声打动了。

"皮皮鲁，你在干什么呢？还不快洗脸！又该迟到了。"房间里传来妈妈的声音。

皮皮鲁这才想起了洗脸的事。

拿水姑娘洗脸？皮皮鲁不干，他已经喜欢上水姑娘了。把水姑娘倒掉？皮皮鲁更不会干了。

皮皮鲁打开水龙头，胡乱抹了两把脸。

"委屈你一下，"皮皮鲁找来一张报纸，"要是让妈妈看见盆里有水，肯定会倒掉的。"

"倒掉？多可怕！"水姑娘害怕地说。

"别怕，有我呢！"皮皮鲁把报纸盖在脸盆上，把脸盆塞到床底下，外面又放上两个纸箱子，谁也看不见。

"你干什么去？"水姑娘还是害怕。

"上学去，中午就回来。"皮皮鲁安慰她。

"你快点儿！"

"行。"

皮皮鲁从来没觉得时间过得这么慢，一节课真长啊。水姑娘怎么样了？她的歌真好听。

好不容易放学了，皮皮鲁用最快的速度跑回家。他连书包也顾不上放下来，就趴在地上往床底下一看，松了一口气——妈妈没有发现藏在床下的脸盆。

皮皮鲁<u>小心翼翼</u>地把脸盆<u>端</u>了出来。

"你可回来了，床底下真黑。"水姑娘说。

"今天过得真慢。再唱支歌好吗？"

"行。哎，你身上背着什么？"

"书包啊。"

"书包？"

"就是装书的。"

"书？"

"书上有<u>各种各样</u>的故事。"

"故事？你给我念一个听听，行吗？"

皮皮鲁平时不大喜欢看书，可是给水姑娘念故事听那是另外一回事。他打开语文课本，挑了一篇童话 (a fairy tale)，读给水姑娘听。

"真好。"水姑娘听得入了神。

"唱支歌吧！"皮皮鲁合上课本。

水姑娘唱了一支好听的歌。

就这样，皮皮鲁给水姑娘讲故事，水姑娘给皮皮鲁唱歌。时间过得真快，皮皮鲁和水姑娘已经认识两天了。

这两天，妈妈到处找脸盆。

"皮皮鲁，看见脸盆了吗？"妈妈问。

"没有。"皮皮鲁红着脸摇头。

妈妈终于发现了，儿子把脸盆藏在床底下。

"你这是干什么？"妈妈奇怪地问皮皮鲁。她看见儿子在对着脸盆里的水说话。

妈妈端起脸盆就要去倒水。

"妈妈，您别倒。"皮皮鲁急了。

"为什么？"

"这是水姑娘。"

"什么？"妈妈<u>怀疑</u>皮皮鲁得了什么病。她伸手摸摸皮皮鲁的额头 (forehead)，<u>不烫</u>啊！

"求求您，别倒！"皮皮鲁快哭了。

"你就别倒啦！"皮皮鲁的爸爸说话了。

"你就<u>宠着</u>他吧，不好好学习，把一盆水藏在床底下，怪事！"妈妈放下脸盆。

晚上，皮皮鲁<u>翻来覆去</u>睡不着。他知道，明天等他去上学的时候，妈妈就会把水姑娘倒掉了。

"怎么办呢？"皮皮鲁真想不通，妈妈为什么不相信脸盆里有个水姑娘？大人的脑子总是那么<u>简单</u>，只相信眼睛看得见的东西。

"你还没睡觉？"水姑娘的声音，她知道皮皮鲁在为她操心。

皮皮鲁眼睛忽然一亮，他想出了一个办法。

"我把你送到公园的<u>湖</u>里去，以后我每天放学后去看你，给你讲故事，你还给我唱歌，好吗？"皮皮鲁说。

"谢谢你！你每天都得来，我等着你。"

"一定！"

第二天早晨，皮皮鲁端着脸盆去公园。路上，人们都向他投来<u>好奇的目光</u>。皮皮鲁才不管他们。看吧！瞧吧！你们看是一盆水，我看是水姑娘。

在公园的湖边，皮皮鲁给水姑娘讲了一个最好听的故事。水姑娘给皮皮鲁唱了一支最好听的歌。然后，皮皮鲁<u>依依不舍</u>地把水姑娘放在了湖里。他看见水姑娘的身体和<u>清澈的</u>湖水溶在了一起。整个湖变成了水姑娘。

从这天起，每天放学后，皮皮鲁都要来湖边坐一会儿，把新读到的故事讲给水姑娘听。水姑娘呢，<u>仍旧</u>给皮皮鲁唱最好听的歌。这歌，只有皮皮鲁能听到。

309 暗室

一 鲁西西发现一个神秘的暗室

皮皮鲁和鲁西西的家住在一座<u>老式</u>楼房里。连他们的爸爸妈妈也不知道这座楼房是什么时候建造的。楼房的墙壁很厚，非常<u>坚固</u>，而且<u>冬暖夏凉</u>。

这天下午，皮皮鲁和鲁西西放学以后在家里做作业。鲁西西做了一会儿作业，她觉得有点儿冷，就打开壁橱的门，钻进去找毛衣 (sweater)。

鲁西西家的壁橱很大，可以钻进去好几个人。鲁西西和皮皮鲁小时候啊，经常在里边玩<u>藏猫猫</u> (hide-and-seek)。

皮皮鲁正在自己的房间里做作业，只听"嗵"的一声，房间门被<u>推</u>开了，鲁西西<u>上气不接下气</u>地闯进哥哥的房间，脸色发白。

"哥哥……哥哥……"鲁西西<u>紧张</u>得说不出话来。

"怎么啦？"皮皮鲁<u>满不在乎</u>地问，"又看见毛毛虫了？"

"去去……看……"鲁西西喘着气说。

"到底出了什么事，<u>胆小鬼</u>？"皮皮鲁看见妹妹吓成这个样子，觉得好笑。

鲁西西拉着皮皮鲁朝她的房间走去。

皮皮鲁走进妹妹的房间，什么<u>吓人</u>的事也没有啊！鲁西西把哥哥推到壁橱跟前，对他说："你拉开门看看。"皮皮鲁<u>大模大样</u>地拉开壁橱的门，不禁"啊"地叫了一声。

壁橱里的墙壁上，出现了一个黑乎乎的大洞。洞口是长方形的，一阵阵地往外冒着寒气。

"这……"现在<u>轮到</u>皮皮鲁吃惊了，他看着鲁西西。

"我在壁橱里找毛衣，忽然听到哗啦一声响，转眼<u>工夫</u>，墙壁上就出现了这么一个大洞。"鲁西西<u>心有余悸</u>地把事情的经过告诉皮皮鲁。

"暗室！"皮皮鲁肯定地说。他想起在电影和小说里看到过的各种暗室。

"一定是你刚才无意中碰到了暗室门的开关 (switch)，它就自动打开了。"皮皮鲁<u>断定</u>是这么回事，"你仔细想想。"

鲁西西回想着刚才自己都碰了哪些地方。

"想起来了，"鲁西西指着壁橱里的一个角落，"就是那儿！"

"哪儿啊？"皮皮鲁看不清，"你走近点儿。"

鲁西西不敢靠近壁橱。皮皮鲁找来了一根竹竿，递给鲁西西。

"你指指是哪儿。"皮皮鲁说。

鲁西西用竹竿指给皮皮鲁看。果然，墙角处有一个<u>凸起</u>的小块。

<u>皮皮鲁</u><u>壮着胆子</u>走进壁橱，他用手按了一下那个小凸块，只听"哐当"一声响，吓得皮皮鲁忙跳出壁橱。

当他俩再往壁橱里看时，大洞不见了！墙壁上<u>平平整整</u>，<u>根本</u>就没有黑洞的一点儿影子。

"暗室！真正的暗室！"皮皮鲁兴奋得大叫起来。

在自己家里发现了一个谁也不知道的暗室，对于皮皮鲁来说，<u>简直</u>和宇航员 (astronaut) 第一次登上<u>月球</u>一样<u>令人兴奋</u>！

"这暗室里有些什么东西呢？"皮皮鲁开始想像了，"全是机关枪、手枪？还是一条秘密的通道？说不定能通到很远的地方呢。要是通到我的教室下边就好了，以后我上学，就从秘密通道走。老师刚说，皮皮鲁怎么还没来上课呀？我就从地底下冒出来了，嘿！"

皮皮鲁越想越美。他钻进壁橱，按了一下墙角的小凸块，暗室的门打开了。他又按了一下，暗室的门听话地关上了。

皮皮鲁高兴地拍了拍妹妹说：

"鲁西西，你真伟大！不过，还得求你件事，这暗室先别跟爸爸妈妈说，行吗？"

"为什么？"鲁西西恨不得马上就告诉爸爸妈妈。

"大人一知道就没劲了。说不定这里边有好玩的地方呢！"皮皮鲁知道妹妹平时也愁没地方玩。

"行，我先不说。"鲁西西同意了。她也开始觉得这个神秘的 (mysterious) 暗室有点儿意思。

"太谢谢你了，"皮皮鲁得意极了，"咱们得给这个暗室起个名字，叫……"

"就叫309暗室吧！"鲁西西提议。因为他们家的门牌号码是309。

"行，就叫309暗室。"皮皮鲁同意了。他觉得暗室是鲁西西发现的，起名字的荣誉 (honor) 当然应该归她。

"咱们现在就进去看看！"皮皮鲁一分钟也不想等了，他急着想知道暗室的秘密。

"我可不敢进去。"鲁西西说。

"那我自己进去，你在外边等着。"皮皮鲁说，"如果爸爸妈妈回来了，你就快喊我。"

鲁西西答应了。

皮皮鲁找来手电，又拿了一根木棍当武器。一切准备好以后，他打开了309暗室的门。

暗室里有一条又窄又陡的楼梯。皮皮鲁打着手电，顺着楼梯往下走。

"当心点儿！"鲁西西在外面喊着。

"没问题！"暗室里传来皮皮鲁的声音。不一会儿，鲁西西已经看不见哥哥了。

5分钟过去了。

10分钟过去了。

半个小时过去了……

皮皮鲁还没出来！

"皮皮鲁——"鲁西西害怕了，她对着暗室大声喊起来。

暗室里静得出奇，一点儿响声也没有。鲁西西慌了，她不知怎么办才好。

暗室里的皮皮鲁到底怎样了呢？

皮皮鲁顺着楼梯往下走，心里也挺害怕，但好奇心战胜了胆怯，他没有往后退。而且妹妹在上边等着，逃回去多丢人哪！

楼梯拐了一个弯，还是楼梯。暗室的墙壁很潮湿，有的地方还往下滴水。

皮皮鲁小心翼翼地往下走，忽然听见身后传来一阵响声。他转过身子，用手电一照，吓得说不出话来！

一条大蛇高高地抬着头，对着皮皮鲁吐着细细的舌头。它的脖子是扁扁的，头是三角形的，还发出"滋滋"的响声。

皮皮鲁认出这是一条毒蛇。他想逃跑，但是，又忽然想起书上说过，碰到蛇是不能动的，你一动它就会扑上来。

皮皮鲁就这么同毒蛇僵持着，双方谁也不动。这时，从上面洞口又传来妹妹焦急的呼喊。皮皮鲁听见了喊声，可是他不敢答应。

僵持了半个小时之久，皮皮鲁渐渐站不住了。他记得一个什么电影里说过，要是碰到蛇，可以把手里的东西扔过去引开它。

皮皮鲁试着把手里的木棍朝楼梯上方一扔，撒腿就往下跑。

皮皮鲁连头都不敢回，拼命往下跑。也不知道下了多少层楼梯，一直到没路可走的时候才停下。他回身用手电照照，谢天谢地，毒蛇没影了。

皮皮鲁松了一口气，他这才注意到自己站在一个正方形的厅 (hall) 里。厅的四面有四个门，每个门上分别印着四种奇怪的图案 (graphics)。

二 打开暗室的钥匙

皮皮鲁选了一扇印着菱形 (diamond shape) 图案的门。他走过去，推了推门，锁着。他敲敲门，没有动静。

皮皮鲁又推了其他三个门，都紧紧地锁着。他用手电往上一照，发现每扇门上都挂着一把大锁。可他找遍了每一个角落，也没发现有钥匙。

就在这时，皮皮鲁的手电不亮了。他使劲儿拍拍手电，还是不亮。暗室里黑得伸手不见五指。

他在黑暗中站了几分钟，就开始用手在墙壁上摸，摸楼梯口。

楼梯口找到了。皮皮鲁摸着往上走。真黑呀，仿佛有一块黑色的大幕，盖着这神秘的暗室。

皮皮鲁忽然站住了，想起了那条拦路的蛇。怎么办？可是，不往上走没有退路。他一咬牙，继续往上走。

"啊！"皮皮鲁大叫一声，他踩到了一根圆圆的东西，一定是蛇！皮皮鲁撒腿就往上跑，身后传来木棍滚下楼梯的声音。

皮皮鲁松了口气，原来是他刚才丢掉的木棍！一场虚惊。不过也好，根据木棍的位置判断，他已经快到家了。

等候在上面的鲁西西早就急坏了，她从窗户里看见爸爸回来了，已经进了院子。

"皮皮鲁，快点儿上来！你听见了吗？爸爸回来了！"鲁西西对着暗室里喊。

鲁西西的话音刚落，大门口已经传来了爸爸用钥匙开门的声音。

就在这时，皮皮鲁气喘吁吁地从暗室里跑出来了，他听见妹妹的叫声。可是，关上暗室的门是来不及了，爸爸的脚步声已经到了房间的门口。

皮皮鲁只好从壁橱里边把门关上，他自己也躲在壁橱里。

"作业做完了吗？"爸爸问女儿。

"做完了……不，还没有。"鲁西西看了一眼放在桌子上的书和练习本。

爸爸发觉女儿和平常不一样："你怎么了？身体不舒服？"

"没有，挺好的。"鲁西西勉强给了爸爸一个笑容，

爸爸看看屋里，没有什么异常。他脱下外衣，朝壁橱走去。爸爸的外衣是挂在壁橱里的！

"爸爸，我来给你挂衣服。"鲁西西几乎是从爸爸手里抢过衣服。

"谢谢。"爸爸作梦也想不到，就在他面前的这个壁橱里，有一间被命名为309的暗室。

爸爸站着不动。鲁西西傻眼了，她必须当着爸爸的面把衣服放进壁橱！

只好冒险了。鲁西西把壁橱门拉开一道缝，可她够不着衣服架子，要想拿到衣架子，必须把门全部打开！

正在这时，一个硬东西碰了碰鲁西西的手。她一看，是皮皮鲁从里边递出来的衣架子。

鲁西西把爸爸的衣服挂在衣架上，又递给壁橱里的皮皮鲁。

爸爸没发现什么，回自己房间去了。

皮皮鲁和鲁西西明白，必须在妈妈回家之前，把暗室的门关上。妈妈是不会让鲁西西给她挂衣服的，她每天都自己挂。

"把<u>电视机</u>打开，声音开大点儿！"皮皮鲁从壁橱里探出头来说。

鲁西西打开电视机，把音量开得很响。

"鲁西西，把电视机开轻点儿，爸爸看书呢！"爸爸的<u>话音刚落</u>，就听见"哐当"一声响。

爸爸不知发生了什么事，忙跑过来。只见女儿和儿子站在房间里。

"咦，你什么时候回来的？"爸爸没听见皮皮鲁回家的声音。

"刚进门。"皮皮鲁<u>撒谎</u>了。

"刚才是什么声音？"爸爸问女儿。

"没听见呀！"鲁西西说。

"没听见？"爸爸<u>疑惑</u>了。

"我也没听见。"皮皮鲁连忙说。

爸爸觉得很奇怪了。如果皮皮鲁和鲁西西说听见声音，但不知是怎么回事，爸爸不会怀疑。可他俩硬说没听见！鲁西西的不正常表情，皮皮鲁的突然出现，再加上一声奇怪的"哐当"声，爸爸认定儿子和女儿有<u>瞒着他的事</u>。

"你们怎么还没做完作业？"爸爸突然问。

这下皮皮鲁和鲁西西没话说了。他们赶紧回到各自的桌子旁做作业。

晚上，爸爸和妈妈出去散步了，皮皮鲁把他在暗室里看到的讲给鲁西西听。

"那四扇门里是什么？"虽然鲁西西觉得很可怕，但她还是<u>止不住</u><u>好奇心</u> (curiosity)，这太<u>神秘</u> (mysterious) 了。

"不知道，咱们得想办法把<u>锁</u>打开，"皮皮鲁说，"配一把<u>钥匙</u>就行。"

"你没有样子，怎么配钥匙呀？"鲁西西问。

这难不倒皮皮鲁。他眼珠一转，想出了一个主意：把泡泡糖 (bubble gum) 嚼软了，塞进锁上的钥匙孔里，再慢慢抽出来，就能弄到钥匙的大概形状了。

鲁西西觉得这是个好主意。他俩说好第二天下午放学后再进暗室。

第二天下午，鲁西西决定同哥哥一起去冒险。皮皮鲁和鲁西西做好了进暗室的准备。皮皮鲁给手电换上了一个新<u>灯泡</u>，鲁西西带了几个备用的<u>电池</u>。

兄妹俩进入了309暗室。鲁西西紧紧跟在哥哥后面，拉着他的衣服。不一会儿，他俩就顺利地来到了正方形的厅里。

鲁西西惊讶地张着嘴，她被这四扇神秘的门吸引住了。

这些门后边是什么呢？鲁西西忘记了害怕，她急于想知道门里边的秘密。

"说不定一直能通进<u>太平洋</u> (the Pacific)！"皮皮鲁一边把嘴里的泡泡糖吐出来往锁上的钥匙孔里塞，一边说。

鲁西西拿出一个小本子，把有菱形图案的门上的锁的<u>形状</u>画了下来。他们决定先打开这扇门。

钥匙模型 (mold) 做好了。皮皮鲁和鲁西西从暗室的楼梯上来，回到房间里。

"咱们现在就去找人配钥匙。"皮皮鲁<u>急不可待</u>。

"走！"鲁西西拉着哥哥说。

皮皮鲁兄妹在大街上找到一家配钥匙的小店，一位戴老花眼镜的老锁匠 (locksmith) 正坐在那里修锁。"老大爷，请帮我们配一把钥匙。"皮皮鲁说完，把泡泡糖做成的钥匙模型递上去。

老锁匠看了一眼，问："这是什么锁？"

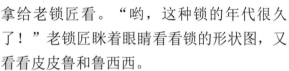

鲁西西把她画的锁的形状拿给老锁匠看。"哟，这种锁的年代很久了！"老锁匠眯着眼睛看看锁的形状图，又看看皮皮鲁和鲁西西。

"您能帮我们配钥匙吗？"皮皮鲁问。

"当然可以。"老锁匠答应了。

皮皮鲁和鲁西西高兴极了，他们原来还怕没人会配这种钥匙呢。

三 暗室里发生一连串的怪事

皮皮鲁和鲁西西没有注意到，在老大爷的小店里还坐着一个年轻人。那人的眼睛<u>老是</u>盯着皮皮鲁手上的泡泡糖钥匙。这人名叫金双龙，外号"金蝎子 (scorpion)"，是一个<u>小偷</u>。他看见了鲁西西画的锁图，一眼就认出这不是一般的锁，很像是一个什么宝库 (treasure) 的锁。金蝎子决定<u>跟踪</u> (follow the tracks of) 这两个孩子。

老锁匠很快就按照泡泡糖钥匙模型的样子，配出一把钥匙。皮皮鲁和鲁西西付过钱后，兴冲冲朝家走去。他们急着想把暗室里的门打开，看看里边到底有些什么。

金蝎子紧紧跟在皮皮鲁兄妹后边。

这时，在金蝎子身后，还有一个戴墨镜 (sun-glasses) 的中年男子，在后边跟踪着金蝎子，注意着金蝎子的一举一动。

金蝎子一点儿也没有发觉有人跟踪他。

皮皮鲁和鲁西西回到家以后，立刻拉开壁橱的门，钻了进去。皮皮鲁按了一下秘密开关，暗室的门打开了。皮皮鲁和鲁西西走了进去。

就在这同时，从壁橱的角落里闪出一个影子，也跟着钻进了暗室。看来，这个人是事先藏在壁橱里的。

这时候，跟在皮皮鲁兄妹身后的金蝎子，来到了皮皮鲁家的门口。他四下<u>张望</u>了一下，从身上取出一把<u>万能钥匙</u>，轻轻打开了皮皮鲁家的大门。

戴墨镜的男人在不远处看到了这一切，他记下了皮皮鲁家的门牌号码。

金蝎子走进皮皮鲁家。怎么，没人！明明看见两个孩子走进来的呀！

金蝎子很快就发现了壁橱里的暗室。他喜出望外。他知道，这样大的暗室，一定藏着很多值钱的东西。

金蝎子<u>断定</u>两个孩子已经进去了。他知道暗室里一定也有秘密开关，能从里边把大门关上。金蝎子钻进暗室，从里边顺着门框摸了一圈，很快摸到了一个小凸块。他按了一下，暗室的大门关上了。金蝎子掏出<u>打火机</u>，点燃后朝四处照照，然后顺着楼梯轻轻往下走。

皮皮鲁和鲁西西已经到了有着四扇门的大厅。

"哥哥，你听，好像有脚步声。"鲁西西小声告诉皮皮鲁。

皮皮鲁把手电关上，<u>屏住气</u>听。真的，楼梯上传来<u>轻微</u>的脚步声。

"我怕。"鲁西西往哥哥身上靠。

"别怕，有我呢。"皮皮鲁给妹妹壮胆，也给自己壮胆。其实，他的心跳得快极了。

脚步声消失了。

"没事了，咱们去开门。"皮皮鲁说着，把手电打开。他俩来到画着菱形图案的门前。皮皮鲁拿出钥匙，插进大锁里，用力一拧，锁打开了！

兄妹俩<u>又惊又喜</u>。皮皮鲁推开门，用手电往里一照，是一条弯弯曲曲的通道。

"走，进去看看！"皮皮鲁说。

"咱们回家吧，爸爸妈妈该下班了。"鲁西西看见门里又是通道，害怕了。

"就进去看一下，很快就出来！"皮皮鲁<u>不由分说</u>，拉着妹妹走进去。

这时候，金蝎子也一步一步地朝暗室深处走下去。忽然，他听到下边有脚步声。

金蝎子站住了。他脱下鞋，系在腰带上，光着脚往下走。他<u>估计</u>下边是那两个孩子。

不料刚拐了一个弯，金蝎子却看见楼梯下边也有一个打火机一亮。啊，是个大人！金蝎子大吃一惊！

下边的那个人也觉察到上边有人，他关上打火机。两人谁也不动，就这样在黑暗中互相注视着。

这就是在皮皮鲁兄妹听不见脚步声的时候。

过了一会儿，金蝎子下边的人开始继续向深处走去。金蝎子也一步一步往下走。只是谁也不敢再使用打火机了。

皮皮鲁和鲁西西在通道里走了没多久，路就没有了。皮皮鲁用手电往上照了照，一条用铁链子 (iron chain) 做成的软梯挂在他的头顶上。

"上！"皮皮鲁顺着软梯往上爬。鲁西西跟在后边。

皮皮鲁一边爬一边用手电往四处照，他看见软梯旁边有一个方洞。皮皮鲁和鲁西西钻进去。这个方洞面积很小，刚刚能挤下他俩。

鲁西西先看见方洞的一旁有一扇小门。她指给皮皮鲁看。皮皮鲁轻轻一推，门打开了。一道亮光<u>射</u>进来，刺得皮皮鲁和鲁西西睁不开眼睛。

他们闭了会儿眼睛，再睁开一看，惊讶得说不出话来！

小门里边是一座金碧辉煌的小城！城里街道上的房屋都闪着金黄色的光。树是金色的，地是金色的，一切都是金色的。

"这该不是童话吧？"鲁西西问哥哥。

"怎么会是童话呢！咱们这是在自己家的暗室里呀！"皮皮鲁一边说一边钻出小门，把鲁西西也拉了出来。

回头再看看钻出来的地方，原来是一棵金色的大树。他们俩是从树洞里的暗道进入这座金城的。皮皮鲁兄妹给这棵金树作了<u>记号</u> (mark)。

"哥哥你看！"鲁西西激动得喊起来。

四　皮皮鲁和鲁西西在金城里的奇遇

皮皮鲁回头一看，大街上走过来一个和他俩差不多高的人。这人全身也是金色的！

这金色的人看见了皮皮鲁和鲁西西，站住了，惊讶得睁大了眼睛。

"请问这是什么地方？"皮皮鲁先说话了。

"这儿叫金城。请问你们是什么人？从哪里来的？"金色的人问。

"我叫皮皮鲁。她是我妹妹，叫鲁西西。我们从上边来的。"皮皮鲁兴奋地回答。

"金城？"鲁西西重复了一句。

"对，是金城。城里所有的东西都是金子做成的，连我们也是。"金人指指自己的身体。

皮皮鲁和鲁西西惊呆了！他们知道金子是非常贵重的东西，小小的一块金子就值许多钱。而现在，他们在自己家的暗室里，就发现了一座金城，这座城里连人都是金子做成的！

皮皮鲁和鲁西西太激动了，他俩还从来没有见过真正的金子。现在，面对着这座金城，他们只觉得眼花缭乱。

"哥哥，咱们应该赶快告诉爸爸妈妈。"鲁西西说。

"嗯，还应该报告市政府 (government)。"皮皮鲁说。

"你叫什么名字？"鲁西西问金人。

"我叫赛克，"金人愉快地说，"咱们交个朋友吧！"

"行，交个朋友！"皮皮鲁同意了。"带我们去城里看看好吗？"

"当然可以。"赛克领着皮皮鲁和鲁西西朝城里走去。

"咱们先看一下这座金城有多大，然后回去报告。"皮皮鲁小声对鲁西西说。鲁西西点点头。

金城真漂亮，每座房子都闪射着金色的光芒。城里的人自由自在地生活着。

这时，街上别的金人发现了皮皮鲁和鲁西西，都纷纷围上来。他们从来没见过这种皮肤的人。

"别挤，别挤，这是我的朋友。"赛克对大家说。

一听说是赛克的朋友，金人们都有礼貌地往四周退了几步，纷纷向皮皮鲁和鲁西西问好。皮皮鲁和鲁西西觉得这些金人很可爱。

"这是什么？"一个金人指着皮皮鲁手中的手电问。

"手电。"皮皮鲁说。

"什么叫手电？"金人们好奇了。

皮皮鲁一按手电筒上的开关，手电亮了，金人们欢呼起来。

他们问手电为什么会亮，皮皮鲁告诉他们这是因为有电。

他们又问什么叫电，电是什么样儿的。

许多问题皮皮鲁都回答不上来。

他就把电视、电话、汽车等等都一古脑儿讲给金人们听，听得他们都入了迷。金人们没想到，在另一个世界里有这么多有趣的事情。

他们无论如何也想不通，两个人相距千里怎么能互相说话，一个人坐上汽车就能去很远很远的地方。

皮皮鲁和鲁西西也觉得同金人们在一起有趣极了。

"哥哥，咱们不该去报告……"鲁西西小声对皮皮鲁说，"他们生活得多好呀！"

"就是，"皮皮鲁也犹豫了，"要是咱们那个世界的人来到这里，会怎么样呢？"

皮皮鲁和鲁西西不敢想象那将是什么情景。人们知道了这儿有一座金城后，这些可爱的金人们还能继续在自己的家乡过安宁的生活吗？这座城都是金子呀！

"鲁西西，咱们应该保护金人们，保护他们继续过安宁的生活，因为他们是有生命的金人，不是一般的金子。"

"可暗室的门还开着，咱们应该赶在爸爸妈妈下班前回去。"鲁西西提醒哥哥。

"对，快走！"皮皮鲁说着，就要向金人们告别。

"多玩会儿不行吗？"赛克见他们忽然要走，觉得很<u>遗憾</u>。

"不行，来不及了，以后再来玩。"皮皮鲁拉着鲁西西就跑。

"站住，别让他们跑了！抓住他们！"几个金人从远处跑来，不由分说，抓住了皮皮鲁和鲁西西。

"你们干什么？"皮皮鲁问抓他的金人。

"他们是我的朋友，为什么抓他们？"赛克也生气了。

"咱们城的一位居民 (resident) 被外来人给绑架 (kidnapped) 了，一定是他俩干的，国王下令抓住陌生人 (strangers)！"这几个金人怒气冲冲地说。

围在皮皮鲁兄妹身边的金人们都愣了。怎么，这两个可爱的小孩会绑架他们的同胞？金人们不相信。可他们忽然想起，刚才皮皮鲁兄妹为什么要匆忙离开金城呢？

<u>怀疑的目光</u>包围了皮皮鲁和鲁西西。

"快把你们绑架的金人交出来！"国王派来的金人严厉地命令皮皮鲁。

"我们没有绑架谁！"皮皮鲁气愤地说。

"那赛璐小姐到哪儿去了呢？"

"什么？我妹妹被绑架了？"赛克大吃一惊。

"有人看见一个陌生人绑架了她。"国王派来的金人说。

"是你们吗？"赛克问皮皮鲁兄妹。

"不是。"皮皮鲁肯定地摇摇头，"也不可能有别人进到这座金城里来。这肯定是误会！"

"但赛璐确实失踪了！"国王派来的金人说。

"哥哥，咱们不能再耽误时间了，爸爸妈妈该下班了。"鲁西西急得要哭了。

"我喊一、二、三，你往那边跑，我往相反的方向跑，我们到那棵金树下<u>集合</u>。"皮皮鲁小声对鲁西西说。

鲁西西点点头。

只听皮皮鲁忽然大喊一声："一、二、三！"金人们一愣，皮皮鲁和鲁西西撒腿朝<u>相反</u>的两个方向跑去。

金人们立刻明白过来，一定是他俩绑架了赛璐。他们分成两路追捕皮皮鲁和鲁西西。

消息立即报到国王那里。黄金国王下令全城居民，捉拿一切陌生人。

五 皮皮鲁被逮捕了

整座金城都惊动了，金人们纷纷涌上街头，追捕绑架了赛璐的罪犯 (criminals)。

皮皮鲁拼命逃，金人们在后边紧紧追赶。金人们跑不快，渐渐地被皮皮鲁甩远了。

皮皮鲁看见路旁一座大楼的门开着，就一头钻进去。

大楼的<u>大厅</u>金碧辉煌，几十根粗大的<u>金柱子矗</u>立在大厅里。皮皮鲁躲在一根金柱子后边，看着门外。

追赶皮皮鲁的金人们跑过去了。皮皮鲁松了口气。他刚想回头看一下这座楼房，一双大手<u>卡住</u>了他的脖子。

皮皮鲁使劲儿转过头，啊，是一个他从来没见过的人！一个和自己一样有血有肉的人！怎么，金城里除了他和妹妹外，还有别的外来人？！是什么人？从哪儿进来的？309暗室难道还有别的出口？这一个个疑问像闪电一样在皮皮鲁的脑海出现。他使劲儿挣扎着身体。

"别动，再动我掐死你！"陌生人恶狠狠地威胁皮皮鲁。

皮皮鲁不动了。

陌生人松开了手，皮皮鲁出了一口长气。

"你是谁？"皮皮鲁小声问。

"金蝎子。初次见面，交个朋友！"金蝎子伸出手。

金蝎子！皮皮鲁身子打了个哆嗦。多可怕的名字！但他还是伸出手同金蝎子握了握。

"你从哪儿进来的？"皮皮鲁问。

"就从你家进来的。"金蝎子笑笑说。

"从我家？"皮皮鲁吃了一惊。

"还得感谢你把我带到这个好地方呢。"金蝎子得意地把他跟踪皮皮鲁兄妹的经过，讲了一遍。皮皮鲁后悔莫及，自己真是太大意了！

"在我前边还进来了一个大人，是谁？"金蝎子突然问。

"还有一个大人？！"皮皮鲁又大吃一惊。

"你不知道？"皮皮鲁摇摇头。

"一定也是来找金子的，不能让他先出去，要干掉他！"金蝎子觉得这座金城应该属于他一个人。

皮皮鲁想到现在这座金城和居民们非常危险。这危险是他皮皮鲁带来的。怎么办呢？皮皮鲁一定要想到一个保护金人的办法。

"如果你愿意，这座金城咱俩平分。你一半，我一半，怎么样？"金蝎子说。

"是你绑架了赛璐？"皮皮鲁恍然大悟。

"什么赛璐？"金蝎子不明白。

"就是一个金人。"

"是我绑架的。"金蝎子冷笑了一下说，"我要把她先带出去，就凭她一个人，我就能当上百万富翁 (a millionaire)！哈哈！我看这样吧，你掩护 (cover for)，我先把金人带出去，然后回来接应你。"

金蝎子知道外边到处都是金人，他想利用皮皮鲁把金人们引开，他好带着赛璐逃出去。等出去以后，他把暗室的门反锁，没几天，皮皮鲁他们就会饿死。要知道，金城里没有人吃的食物。到那时候，整座金库就是他金蝎子一个人的了！

"你把赛璐藏在哪儿了？"皮皮鲁一眼就看出了金蝎子的诡计 (a trick)。他想先探听到金蝎子把赛璐藏在什么地方，然后去报告金人们。

金蝎子眼睛一转，指了指前面说："就藏在路边那座小房子里。你一会儿往相反方向跑，把金人们引开，我去那里把赛璐带走。"

"行，现在就行动！"皮皮鲁冲到大街上，朝有金人的地方跑去。他要去报告，赛璐被关在那座小房子里。

金蝎子看见皮皮鲁上当了，暗暗高兴。他悄悄溜出了大楼，朝藏着赛璐的地方跑去。

皮皮鲁老远就看见了赛克，上气不接下气地跑上去说："赛克！赛克！我知道你妹妹被关在哪儿了！"

金人们正在到处追捕皮皮鲁兄妹，见他自己送上门来，正要抓他，被赛克制止了。

"我妹妹关在哪儿？"赛克问。

皮皮鲁指指远处，说："在一座小房子里，我带你们去。"

金人跟着皮皮鲁涌进金蝎子说的那间小房子，把所有的地方都找过了，也没见到赛璐的影子。

"赛璐呢？"赛克和金人们都嚷起来，"好哇，你在骗我们！"

"这……"皮皮鲁明白自己上当了。

"抓住他，他是个骗子！"从门口传来一个声音。皮皮鲁扭头一看，是金蝎子！

原来，金蝎子利用皮皮鲁引开金人们后，就带着赛璐准备逃离金城。

可是，由于他进来时匆忙紧张，没有注意有暗道的那棵金树的特点。现在，他找不到出口了！

金蝎子想了想，断定皮皮鲁和他妹妹知道出口在哪儿。所以金蝎子决定先出卖皮皮鲁，然后去找鲁西西，拿救出皮皮鲁为条件，让鲁西西告诉他出口在什么地方。

"你是谁？"赛克问金蝎子。

"我和他是一伙的，是专门来绑架你们金人的，是他先绑架了赛璐。他有意把你们引开，让我和赛璐先跑。可我实在不忍心把赛璐带走。"金蝎子一片真情地说。

金人们愤怒了，他们拥上来，把皮皮鲁抓住了。

"他在胡说，赛璐是他绑架的！"皮皮鲁急了。

"把他俩都带到黄金国王那儿去！"赛克说。皮皮鲁和金蝎子被押进了王宫。

金蝎子告诉黄金国王，是皮皮鲁骗他来金城绑架金人。

"你们为什么要绑架我们的居民？"站在黄金国王边上的白金亲王感兴趣地问。

"金子值钱哪！在我们那儿，这么一点金子就值好多好多钱！"金蝎子伸出一个小拇指，另一只手指着小拇指的指甲说。

"那一个金人值多少钱哪？"白金亲王问。

"值……值一座城市！"金蝎子说。

金人们都吃了一惊。他们不知道自己有这么高的价值 (value)。

"你快把赛璐交出来！"黄金国王对皮皮鲁大声说。

"我不知道赛璐被他藏在哪儿！"皮皮鲁说。

"把他关起来！"白金亲王下令。

黄金国王命令白金亲王负责寻找赛璐，让金蝎子担任助手。金蝎子得意极了，他的目的已经达到了。

皮皮鲁被关起来了。

六 鲁西西在金城里遇见了爸爸

鲁西西和哥哥分手后，拼命跑，三拐两拐就把紧追她的金人们甩得没影儿了。

鲁西西靠在一个房角处，一边喘气，一边看着这一带的地形。她回想着有暗道的那棵金树的位置，好到那儿去同皮皮鲁会合。

鲁西西发现这一带非常安静，高大的房屋几乎都没有窗户。她回忆了一下刚才跑过的路程，大概推算出了金树的位置。

鲁西西刚准备动身，忽然，一个人影闪进了她对面那座大房子。

"人！"鲁西西一愣。跟她一样的人，还是个大人！不是皮皮鲁。

鲁西西的心"怦怦"急跳起来，她想起了和哥哥下暗道后听到的那可怕的脚步声。

"一定有人跟着我们进来了！一定是他绑架了赛璐！"鲁西西突然明白了。她决定跟踪这个可疑的人，弄清赛璐的下落。

鲁西西把身体紧贴在墙上，眼睛死盯着对面那座大房子的门口。没动静。

她飞快地穿过马路，轻轻把大门推开一条缝，走了进去。她看见屋里堆放着许多东西。她轻轻摸了摸，有碗，有盆，都是金子的。看来，这是一座仓库。

就在这时，楼上传来"哗啦——"一声响。鲁西西吓一跳。她断定那个人在楼上。也许，赛璐就被藏在楼上呢！鲁西西找到楼梯，轻轻地踏上去。

二楼更黑，地上堆的东西也更多。鲁西西蹲在地上，听着动静。整座楼安静极了，静得可怕。

"哐当！"鲁西西不小心碰翻了一个金坛子。

说时迟，那时快，只见一个黑影"嗖"地一下从旁边向鲁西西扑来。鲁西西一闪身，那人摔了个跟头。鲁西西刚要跑，那人抓住鲁西西的一只脚。

鲁西西摔倒了。她迅速爬起来，抓住那人伸出的另一只手，刚要咬，忽然，鲁西西不动了。她在这只手上闻到了一股熟悉的气息。

"爸爸？！"鲁西西脱口而出。

"是鲁西西！"爸爸松开了手说，"我还当是跟在我后边的那个人呢。"

"您怎么来了？"鲁西西万万没想到爸爸也在这里。

"这两天我发现你和皮皮鲁鬼鬼祟祟，早就注意上你们了。今天我提前下班，躲在壁橱里，想看看你们干些什么，没想到被你们带到这个地方来了。"爸爸说，"不过也得感谢你们，发现了一座金库。咱们得赶快回去报告政府，可我把来时有暗道的那棵金树忘记了，你一定知道吧？"

爸爸要出去报告？赛璐一定是他绑架的！鲁西西怒气冲冲地问："您把赛璐藏在哪儿了？"

"什么赛璐？"爸爸不明白。

"就是赛克的妹妹。"

"赛克又是谁？"爸爸越听越糊涂。

"您别装了。您不是想出去报告吗？不带个样品怎么去报告？"鲁西西气愤地指责爸爸。

"这我倒没想过，"爸爸说，"看样子你不愿意让我出去报告？"

"对，不愿意！"鲁西西斩钉截铁地说。

"你怎么这么自私啊 (selfish)！"爸爸生气了。

"这不是自私。唉，跟您说不清！"鲁西西一想到金城里的居民们安宁的生活马上就要结束，心里就不安。

"快带我出去，鲁西西！"爸爸央求女儿了。

"我也不认识！"鲁西西说完，朝楼梯跑去。

爸爸站起来就追。鲁西西在仓库里和爸爸玩起了"藏猫猫"。这方面爸爸可不是女儿的对手。转眼间，鲁西西早就无影无踪了，爸爸却还在那儿转悠呢！

你还记得皮皮鲁家门口那戴墨镜的人吗？对，就是跟踪金蝎子的那个人。他是警方派出的侦探 (detective)，整整跟踪了金蝎子5天。当金蝎子进入皮皮鲁家以后，侦探记住皮皮鲁家的门牌号码，然后在门口等着金蝎子出来。

一个小时过去了。

两个小时过去了。

五个小时过去了。

侦探发觉情况不妙，三步并作两步跑上楼梯，敲响了皮皮鲁家的门。

"你找谁？"皮皮鲁的妈妈打开门问。

"有一个罪犯 (a criminal) 在你家里。"侦探说着，拿出证件 (ID) 给皮皮鲁的妈妈看。

皮皮鲁的妈妈吓了一跳："罪犯？在我家？"

侦探一个箭步跨进屋里，开始搜寻罪犯，但搜遍了整个屋子也找不到。

侦探检查了一遍窗户，窗户都插得好好的。

"您家没别人？"

"有我丈夫和两个孩子。"

"他们每天回来很晚吗？"侦探看着手表。

皮皮鲁的妈妈这才想起丈夫和孩子早该回来了。

"往常现在他们早回来了。"皮皮鲁的妈妈察觉到不妙了。她发现孩子的书包挂在墙上，丈夫的衣帽挂在壁橱里。这就是说，他们已经回来了，可现在人不见了！

侦探还从未遇到过这么奇怪的案子，他急忙下楼给总部打了电话。转眼间，两辆警车呼啸而来，警察们把这座楼房包围了。

警犬开始了搜索，可是毫无结果。

一直折腾到第二天早晨，还是没找到罪犯和失踪 (missing) 的三个人。

皮皮鲁的妈妈哭得伤心极了。

七 金蝎子和爸爸联合起来了

金蝎子取得了黄金国王的信任后，假装跟着白金亲王的搜查大军去寻找赛璐，实际上是想把他们引到远离赛璐的地方。他心里在想着怎样找到鲁西西，好从她嘴里弄清出口在哪里。

搜查大军从王宫里浩浩荡荡地出发了，搜查着金城的每一个角落。在路上，白金亲王问金蝎子："你刚才说，金人在你们那儿很贵重，是吗？"

"岂止是贵重，简直是宝贝。"金蝎子看着白金亲王，一边说，一边心想，要是把他也弄出去，那就能发大财了。

"听说你们那儿还有什么'电话'？"白金亲王好奇地问。

金蝎子滔滔不绝地告诉白金亲王，除了电话，还有电视，汽车，飞机，轮船……

白金亲王啊，听得入了迷。

"可这些东西都没有你们金人值钱。就拿你说吧……"金蝎子忙改口说："就拿赛璐说吧，她一个人就可以换一万台电视机！"

白金亲王还从来不知道金子这么有价值。过了一会儿，他突然问："你是从什么地方进来的？"

金蝎子吓了一跳，难道白金亲王已发觉了他的意图？

"快说，从哪儿进来的？"白金亲王催问道。

"从一棵金树里，"金蝎子慌了，"可我记不清是哪棵树了。"

"来人！"白金亲王喊，"去检查所有的树，看看哪棵树中有暗道！"

金人们执行命令去了。

金蝎子傻眼了。如果有暗道的那棵金树被找出来，他就肯定出不去了。不行，他得抢在金人找到那棵金树之前找到鲁西西！

金蝎子找了个机会离开了白金亲王，独自去寻找鲁西西的踪影。

"怪事，这小姑娘躲到哪儿去了呢？"金蝎子一边嘀咕一边四处搜寻。

金蝎子走着走着，一抬头，看见一个高大的男子汉，<u>神不知鬼不觉</u>地站在他面前。金蝎子吓了一大跳。

他马上看出这是皮皮鲁的爸爸。同时，他认定这就是那个在暗道里走在他前面的对手。

"你是跟在我后边进来的吧？"皮皮鲁的爸爸问。

"没错。"金蝎子不否认。

"你是怎么进我们家的？"

"我是专门替国家找金子的，……嗯……发现你的孩子配了把奇怪的钥匙，就跟来了。我进门时，你家的大门没锁，敲门又没人答应。"金蝎子迅速编造着谎言。

"你有证件 (ID) 吗？"爸爸问。

金蝎子一听很高兴，他身上有几十种伪造的证件 (fake IDs)。

"给。"金蝎子拿出证件递过去。

皮皮鲁的爸爸看看证件，点点头，还给了金蝎子，又问："你还记得暗道的出口吗？"

"忘了。你呢？"金蝎子迫不及待。

皮皮鲁的爸爸耸耸肩，无可奈何地苦笑一下。

"咱们必须赶快报告政府，这是一个重大的发现，一刻也不能<u>耽搁</u>。"金蝎子振振有词地说。

"对，我也是这么想。"皮皮鲁的爸爸说。

"现在只有你的孩子知道出口在什么地方！"金蝎子提醒皮皮鲁的爸爸。"

"唉，"皮皮鲁的爸爸叹了口气，"刚才我碰到女儿了，可她就是不说。"

"那现在您女儿呢？"金蝎子连忙追问。

"唉，跑了。"

金蝎子灵机一动："您的儿子现在被关在王宫里，您去问他出口在哪儿，一定得想办法让他说出来！"

"你快带我去！"皮皮鲁的爸爸说。

金蝎子带着皮皮鲁的爸爸朝王宫跑去。他们没有料到，他们的谈话，全被躲在墙后边的鲁西西听到了。

哥哥被抓起来了！鲁西西大吃一惊，必须马上去救哥哥。鲁西西拿定了主意。她绕过一个拐角，朝王宫的方向走去。刚拐了一个弯，鲁西西站住了——四个金人站在她面前！

鲁西西转身要跑，后边也是四个金人。她看见赛克也在里边。

鲁西西当了俘虏 (captive)。

这时金蝎子领着皮皮鲁的爸爸来到王宫。他告诉黄金国王，说这个人可以让皮皮鲁说出藏赛璐的地方。

黄金国王弄不清怎么又出来了一个陌生人。他来不及细想，只要找到赛璐就行。

皮皮鲁正躺在屋里睡觉，被金人推醒了。皮皮鲁坐起来一看，愣了——是爸爸！

"您……您怎么……怎么来的？"皮皮鲁怀疑是在作梦。

"你们发现了金库为什么不报告？"爸爸劈头就问。

"什么金库？"皮皮鲁不明白。

"这不就是金库？"爸爸指指这金子做成的房子。

"这是金城。"皮皮鲁纠正 (correct) 爸爸。

"我不管什么金城银城，反正应该马上报告政府！"爸爸说。

"不行！"皮皮鲁毫不让步。

"为什么？"爸爸火了。

"要是金库，我早就去报告了！可是他们是金人，是有生命的金人！如果我们报告了，他们就完了！"皮皮鲁一口气说了一串话。

"哪儿来这么多歪理！"爸爸一直认为地球上的所有生物都应该为人类服务，"快告诉我们出口在哪儿？"

"您不是从暗道进来的吗？皮皮鲁故意问，"你自己去找吧！"

金蝎子在屋外忍不住了，他跑进屋里，对皮皮鲁说："你这是在犯罪！快把出口告诉我们！"

皮皮鲁立刻明白了过来，爸爸被金蝎子利用了。

"好吧，我告诉你们。"皮皮鲁胡乱说了一个地点。

金蝎子如获至宝，拉着皮皮鲁的爸爸就跑。

"那他？"皮皮鲁的爸爸担心自己的儿子。

"他关在这儿很安全，咱们先去报告政府再说吧。"金蝎子转身叮嘱金人卫兵，"看好他，别让他跑了！"

八 一场大搏斗

鲁西西被金人抓住了。

"赛克，咱们是朋友啊！"鲁西西对赛克说。

"好一个朋友！你们为什么绑架我妹妹？"赛克质问道。

"不是我们干的。"鲁西西委屈地说。

"那你跑什么？"赛克问。

"我们是想去关暗室的门。"鲁西西说。

"什么暗室？"

"唉，跟你一下子也说不清楚，赶快先去守住有暗道的金树！"鲁西西生怕金蝎子和爸爸从皮皮鲁嘴里得到暗道的位置，必须赶在他们前面。

"有暗道的金树？"赛克不明白。鲁西西把她和皮皮鲁从哪儿进来的讲给赛克听。

"你们守住了那棵金树，就谁也出不去了，这你还不相信我吗？"鲁西西委屈得都快哭了。

赛克相信她了。世界上有堵住自己退路的敌人吗？鲁西西是朋友。于是，让她领着金人们朝有暗道的金树跑去。

由于作了记号，鲁西西很容易就认出了有暗道的那棵金树。

"就是这棵树，一定要守住。再去多叫几个人来。"鲁西西对赛克说。

赛克派一个金人跑去叫人，让其余的金人和鲁西西守在树周围。这时，赛克问鲁西西："究竟是谁绑架了我妹妹？"

"有两个人跟在我们后面进了金城。一个是我爸爸，另一个我不认识。赛璐一定是他们绑架的。"鲁西西说。

"他们为什么抢我妹妹？"赛克问。

"他们要去报告政府，说发现了一个大金库。"鲁西西说。

"大金库？报告？"赛克弄不懂。

"唉呀，因为她是金人哪。金子在我们那个世界里可值钱啦，谁见了金子都眼红。他们要是报告了，你们就不能再生活在自己的城市里了。"鲁西西说。

"他们不是喜欢我们吗？"一个金人问。

"他们越喜欢，你们就越倒楣。"鲁西西叹了口气。

"真可怕，绝不能放他们出去。"赛克坚定地说。

"对，一定要守住。"鲁西西也坚定地说。这时候，她忽然感到肚子饿了。鲁西西看见一个可怕的现实——金城里没有他们能吃的食物。如果出不去，他们会活活饿死在这里。但这丝毫没有动摇鲁西西要保护金城的决心。

白金亲王带着几个金人走过来。

"你们站在这儿干什么？她是谁？"白金亲王问赛克。

赛克把原因告诉白金亲王。

"这棵树里有暗道？"白金亲王又惊又喜地问。

鲁西西点点头。

"来人，把暗道出口打开！"白金亲王迫不及待地下令道。立即有几个金人走过来。

"干什么？"鲁西西问。

"我要出去！"白金亲王得意地说。

"出去？"鲁西西和赛克不约而同地大吃一惊。

"对，出去！去过好日子，哈哈！"白金亲王大声嚷道。

"好日子？"鲁西西不明白。

"别装傻了！我知道，你们那个世界的人最喜欢金子！我比一座城市还值钱，对不对？让开，我要出去享福啦！"白金亲王喊着。

原来，金蝎子关于金子价值的话打动了白金亲王的心。他想，既然金子这么值钱，我为什么不出去过过好日子呢？电话，电视，飞机……嘿，多带劲哪！所以他让部下到处找那棵有暗道的树，现在总算找到了，怎么能不高兴呢！

"你不能出去！"鲁西西拦住白金亲王，"你一出去，不但自己完了，连这座金城也完了！"

"胡说八道！你是怕我们出去过好日子不成？来人，把他们赶走！"白金亲王发火了。

"赛克，不能让他们出去！"鲁西西急得大喊。

白金亲王的部下冲过来。赛克和伙伴们迎上去。鲁西西也冲上去帮助赛克。双方打得难分难解。

白金亲王的人多，渐渐地，赛克这边支持不住了。白金亲王摸到金树上的秘密开关，暗道已经打开了。

鲁西西和赛克被白金亲王的部下团团围住，眼看着白金亲王的一条腿已经迈进了暗道。正在这时，赛克的援兵 (reinforcements) 来了！

"快把他拉出来！"赛克高喊。

援兵们弄不清这是怎么回事。管他呢！他们一拥而上，把白金亲王从暗道里拉了出来。

双方打成一团。终于，金树被赛克和伙伴们团团围住，他们手挽着手，围成了一个圈。

"你们别上她的当，她怕咱们出去过好日子！咱们大家一起出去吧！"白金亲王对大家说。

果然，大家又纷纷靠拢白金亲王一边。城里加入白金亲王队伍的人越来越多。金人们忽然意识到自己<u>身价万倍</u>。其实，他们哪里知道，意识到自己身价百倍往往是灾难的开始。

"快去报告黄金国王！"发现白金亲王的队伍越来越大，赛克急坏了。

白金亲王又发动了更猛烈的攻势。

再说金蝎子听皮皮鲁说了暗道的位置，欣喜若狂。他想，自己一个人把赛璐背出去，非常吃力，不如让皮皮鲁的爸爸和他一起把赛璐弄出去。等到了暗室门口，再把皮皮鲁的爸爸反关在暗室里，让他出不去。

"快跑！快！"金蝎子一边跑一边催促皮皮鲁的爸爸。皮皮鲁的爸爸一心只想着去报告，跟在金蝎子后边使劲儿跑。

金蝎子把皮皮鲁的爸爸带到一片小树林里。

"这是哪儿？"皮皮鲁的爸爸不明白金蝎子为什么带他到这个地方来。

"我找了一个样品。咱们报告得有样品哪！"金蝎子从草丛里拎起被他捆得结结实实的赛璐。

"这……"皮皮鲁的爸爸看见被五花大绑的金人小姑娘，心里很不舒服，他想把堵在她嘴里的毛巾取出来。

"别动！"金蝎子说，"你背着她，我在前面带路。"

皮皮鲁的爸爸忽然觉得自己的行为不光彩，简直像贼一样，但又不得不背起了赛璐，跟在金蝎子后边。

金蝎子<u>鬼鬼祟祟</u>地在前边走，皮皮鲁的爸爸<u>小心翼翼</u>地在后边跟着。不一会儿来到皮皮鲁说的那棵金树旁边。

金蝎子让皮皮鲁的爸爸把赛璐放在树旁，他在树干上找秘密机关。可是，没有！他摸遍了树干还是没有，金蝎子这才发觉上了皮皮鲁的当。

"赛璐在那儿！"附近传来一声大喊。

几十个金人冲上来！他们终于找到了赛璐！

"是他！"金蝎子突然转过身来，指着皮皮鲁的爸爸叫嚷着说，"就是他绑架了赛璐！你们快抓住他！"

金人<u>一拥而上</u>，把皮皮鲁的爸爸捆了起来，金蝎子还用毛巾把皮皮鲁的爸爸的嘴给堵住了。

九 白金亲王想离开金城

赛璐已经昏过去了。

金人们在抢救她。

"这人真是太残忍 (cruel) 了！"金蝎子一边指着皮皮鲁的爸爸对金人说，一边还假惺惺地擦了擦眼泪。

皮皮鲁的爸爸被绑着，嘴里塞着毛巾，但两眼冒火，直盯着金蝎子。

金蝎子才不在乎呢！

金蝎子从一个金人口中得知，白金亲王正在攻占有暗道的金树。他高兴得都快疯了。跟上白金亲王，既可以混出去，东西又到了手，哈哈！他拔腿就朝那里跑去。

金人押着皮皮鲁的爸爸，抬着赛璐来到王宫。黄金国王听说找到了赛璐并抓住了凶手，高兴极了。

"怎么，是你？"黄金国王一见是皮皮鲁的爸爸，吃了一惊。

"把皮皮鲁带上来！"国王命令。

皮皮鲁来到王宫。

"对不起，错怪你了，是他绑架了赛璐。"国王对皮皮鲁说。皮皮鲁愣了。怎么？是爸爸干的？他不相信。

"不会，他不会绑架人！"皮皮鲁大声叫道。

爸爸心里得到了安慰。儿子是了解他的。

国王指指躺在一边的赛璐。

皮皮鲁还是不信。他冲上去取下堵在爸爸嘴里的毛巾。

"爸爸错了。"爸爸惭愧地对儿子说。

"真是您绑架的？"皮皮鲁傻眼了。

"不是我干的，可我相信了金蝎子的话，还帮助了他。"爸爸说。

这时，赛璐醒过来了。

"赛璐，你看看是不是他绑架了你？"国王问。

赛璐看了看皮皮鲁的爸爸，连连摇头说："快松开他，不是他！"然后，她把金蝎子的相貌和绑架她的经过，对黄金国王说了一遍。

"果然是金蝎子！"皮皮鲁也对国王说。

"快松开他，被捆着可难受呢！"赛璐让国王快给皮皮鲁的爸爸松绑。

"谢谢你！"皮皮鲁的爸爸很感激赛璐。这些金人心眼儿多好啊！孩子们说得对，他们不是一般的金子，是有生命的金人！应该好好保护他们！

"报告国王，不好了，白金亲王要离开金城，正带人攻占有暗道的金树呢！"一个金人冲进来，气喘吁吁地向国王报告。

"啊？！"国王大吃一惊。

"快去守住金树！"皮皮鲁大喊一声，

"你们谁也不能离开这里！"他没想到，金人自己愿意出去找罪受！

国王下令立即出发。

皮皮鲁的爸爸想了一下，对赛璐说：

"最好你也能去一下。"

"好，我去！"赛璐同意了。

再说金蝎子，他赶到白金亲王身边，对他说："必须快点儿出去，现在咱们人多，赶快攻！"

白金亲王下令部下加强攻势。整个金城一片喊杀声。

赛克和伙伴们死守金树，寸步不让。但是毕竟寡不敌众，眼看包围圈越来越小。

白金亲王的人已经攻到了金树跟前。现在，金树旁只剩下赛克和五个勇士了。他们手挽着手，一动不动。

"把他们拉开！"金蝎子叫着。

"拉开！"白金亲王也大喊着。

几十个金人冲上去，拼命拉赛克他们。赛克和伙伴们用劲儿挽着手臂抵抗着。

终于，赛克的伙伴们紧挽的手臂被拉开了，白金亲王胜利了！

暗道的门打开了。

"快走！"金蝎子催促着。

白金亲王在金蝎子的搀扶下，刚要跨进暗道，忽然听见一声大吼："站住！"

白金亲王回头一看，啊？黄金国王带着大队人马赶来了。

白金亲王没站稳，摔倒在地上。皮皮鲁一个箭步蹿上来，把暗道的门关上了。

"你要干什么？"黄金国王质问白金亲王。

"我要出去！"白金亲王理直气壮。

"出去干什么？"黄金国王问。

"出去享福！"白金亲王说，"你也跟我出去吧！外边有电话，电视，飞机，火箭……咱们在那个世界里可贵重呢！"

黄金国王没想到白金亲王竟然动员起他来了，愤怒地说："我不去，你也不能去！"

白金亲王一挥手，说："愿意跟我出去享福的站过来！"

"呼啦"一声，黄金国王手下的金人站过去一大片。他们已经知道了自己在那个世界里的价值 (value)，他们都想出去当贵重的东西。

黄金国王没想到，自己的城市一天之间变成了这个样子，而事情都是因为金子惹出来的。

白金亲王准备进攻了。只有金蝎子躲在一旁最高兴。他巴不得金人们全死光了才好呢！那样他就可以随便往外边带金子了。

白金亲王正要下达进攻的命令，一个金人小姑娘跑到两个阵营中间。

"赛璐！"白金亲王惊叫起来。

金人们都欢呼起来，他们找了半天的赛璐回来了！

"是谁绑架你的？"白金亲王问。

"金蝎子！一个外边来的人！"赛璐说。

"金蝎子？"白金亲王还不知道金蝎子的名字，"他为什么要绑架你？"

"他要把我带出去换钱！"赛璐说。

"换钱？！"白金亲王怔住了。

"对，金蝎子就是要拿你们换钱。"

皮皮鲁站出来证实道。

"他们那儿的人不是最喜欢我们吗？"白金亲王还是不信。

"他们喜欢你，是为了想占有 (own) 你！"皮皮鲁的爸爸说。他忽然意识到，这些金人如果出去，可能会给社会带来一场灾难。

"差点儿上当！"白金亲王一拍脑袋。两个阵营合并为一了。黄金国王笑了。

"那么谁是金蝎子？"白金亲王问。

"就是那个给你出主意的人。"皮皮鲁告诉他。

大家这才发现，金蝎子不见了。

十　鲁西西回来了

全城戒严 (under martiallaw)，搜捕金蝎子。

黄金国王派了五十个金人守住有暗道的金树，金蝎子就是插翅也逃不出去。金蝎子刚才一看见赛璐出现，知道不妙，就溜了。现在他躲在一间小屋的门后，饿得两眼发花。他看见街道已经戒严，心想这回可真完了。

皮皮鲁朝这边走过来。

金蝎子眼睛一亮。他<u>故意</u>在屋里弄出一些响声。皮皮鲁听见声音，朝小屋走来。

金蝎子等皮皮鲁刚一跨进屋里，他从门后跳出来，用一只胳膊从后边勒住皮皮鲁的脖子，另一只手抽出匕首，刀尖顶着皮皮鲁的喉咙，有气无力地说："别动！动一动我就捅死你！"

皮皮鲁也饿极了，全身无力。他顺从地在金蝎子的挟持下上了街。警戒的金人们看见金蝎子，都追过来想抓地。

"别过来，谁过来我就捅死他！"金蝎子用匕首尖挨着皮皮鲁的脖子，大叫道。大家不敢动了。

金蝎子就这样拿皮皮鲁作人质 (hostage)，一直走到了有暗道的金树前。

黄金国王和白金亲王都闻讯赶来，可他们一点儿办法也没有。总不能看着金蝎子杀死皮皮鲁啊！白金亲王恨得直咬牙。

"不能让金蝎子出去。"皮皮鲁提醒大家。

"住嘴，再喊我割了你的舌头！"金蝎子吓唬皮皮鲁。

"给我把暗道的门打开！"金蝎子对白金亲王下令了。

白金亲王不动。

"快打开！我数一、二、三，你不打开我就捅死他！"金蝎子声嘶力竭地叫道。

"一——"金蝎子把声音拖得挺长。

白金亲王还是没动。

"二——"金蝎子的刀尖刺到了皮皮鲁的皮肤，鲜血流了出来，滴在白色的衬衣上，格外显眼。

白金亲王迅速跑到金树前，摸到了树干上的秘密开关。暗道的门打开了。

金蝎子刚要撇下皮皮鲁钻进暗道，只听"扑腾"一声，从树上掉下一个金坛子，砸在他头上，金蝎子被砸昏了。

大家往树上一看，是赛克！大家一起动手把金蝎子捆起来。

金蝎子抓住了，全城一片欢腾！皮皮鲁和爸爸紧紧抱在一起！

"哟！鲁西西呢？"皮皮鲁发现妹妹不见了，着急起来。

"真的，鲁西西呢？"爸爸也慌了。

"她一直和我们一起守卫着金树，什么时候不见的？"赛克想不起来了。

"怎么办？"皮皮鲁问爸爸。

"别急，咱们先出去吃点东西，回来再找她。"爸爸也饿得受不住了，"再说，暗道的大门还开着呢！"

这时，金蝎子醒了。

"带他出去吗？"皮皮鲁的爸爸问儿子。

"不能带，他一出去就会泄露金城的秘密。"皮皮鲁说，"把他永远留在这儿吧，他不是喜欢金子吗？"

金蝎子一听说要把他永远留在金城，慌了。他给皮皮鲁跪下了。

"求求你们，别把我留在这儿，带我出去吧，怎么着都行啊！"金蝎子鼻涕眼泪一块流。

"把他留给你们吧，关起来！放出来是祸害。"皮皮鲁的爸爸对国王说，"我们会定期给他送食物。"

国王同意了。他非常感谢皮皮鲁父子。命令部下把金蝎子关进监狱(jail)。

金蝎子一步三回头，连哭带喊："我要出去！我要出去！别把我丢在这儿！"

皮皮鲁和爸爸向金人们告别。他们出去一下，还要回来找鲁西西。

黄金国王代表全体国民感谢皮皮鲁父子。

皮皮鲁和爸爸钻进了暗道。暗道还是那样黑，那样静。皮皮鲁拿出手电，在前边给爸爸照亮。不一会儿，来到了画着菱形图案的小门处。

皮皮鲁伸手拉门。怪事，拉不开。爸爸使劲儿拉，还是不动。一定被人从外边锁上了！

谁锁的门？难道已经有人发现了暗室？皮皮鲁和爸爸傻眼了。如果出不去，他们就会活活饿死在暗道里。

"爸爸，你听！"皮皮鲁趴在爸爸耳朵上说，"门外有人！"

是谁？是金蝎子的同伙吗？皮皮鲁的爸爸觉得后背直冒冷气。他试着在门上敲了几下。

对方没反应。看来，暗号对不上，还不给开门。

"你抱住我的腰，咱们使劲拉拉试试。"爸爸小声说。

皮皮鲁抱住爸爸的腰，爸爸双手拉住门把，他俩一起使劲拉门。

门一点儿也没动——他俩饿得也根本没什么劲儿啊！

"这下完了。"皮皮鲁一屁股坐在地上。爸爸也无可奈何地坐在儿子身旁。

也不知过了多长时间，门外忽然传来一声打喷嚏 (sneeze) 的声音。皮皮鲁一下子跳了起来，激动地大喊一声："爸爸，门外是鲁西西！"

"对，是她。"爸爸和皮皮鲁都听出了这是鲁西西打喷嚏的声音。

"鲁西西，快开门，我是皮皮鲁！"皮皮鲁大声喊起来。

门打开了。果然是鲁西西！

原来，鲁西西一看白金亲王就要拿下金树了，她急中生智跑进暗道，把小门反锁上，谁也别想出来！

皮皮鲁、鲁西西和爸爸兴高采烈地抱在一起！

爸爸说："快回去吃饭吧，你妈妈也该急坏了。"

三个人顺着楼梯往上走，暗室的门也关着！

还是爸爸有经验，他摸到了开关。暗室的门打开了。他们走出壁橱，皮皮鲁再把暗室的门关上了。

正在厨房做饭的妈妈，看见了神仙般出现在她面前的丈夫和孩子，激动得说不出话来："你们……"

"无可奉告。"爸爸耸耸肩膀。

妈妈指指窗外。爸爸往外一看，哟，全是警察！

那个戴墨镜的侦探推门进来，劈头就问："你们回来了？"

皮皮鲁的爸爸笑着点点头。

"金双龙呢？"侦探问。

"什么金双龙？"爸爸不明白。

"就是外号叫金蝎子的罪犯。"侦探解释道，"我们正要判他刑呢！"

"他犯的罪够判什么刑？"皮皮鲁问。

"无期徒刑。"侦探回答。

"我们已经替你判了。我保证他不会再出来作案。"爸爸对侦探说，"请相信我。"

侦探注视着爸爸的眼睛，一直注视了五分钟。

"谢谢你帮我结了案！"侦探好像终于明白了事情的经过，和皮皮鲁的爸爸握了握手，带着警察们走了。

皮皮鲁的妈妈给丈夫和孩子们做了一顿丰盛的饭菜，他们吃得真香啊！

309暗室的故事暂时讲完了。关于另外三个小门后的惊险故事，下次再讲给你听。那几个故事一定比这一个更惊险，更有意思。不过，你可得把胆子再练大一点儿哦。

马立平课程

中 文

六 年 级

第二单元（作文教学：物的描写）

编写　马立平

审定　庄　因

插图　邬美珍

一、我的"小花鹿"

去年我生日那天，爸爸送给我一只美丽的"小花鹿"。它既不会跑，也不会跳，是个泥制的储蓄罐。

"小花鹿"很可爱。圆圆的脑袋上，一对粉红色的小耳朵向上竖着，好像在倾听周围的动静。那两只明亮的眼睛里，圆溜溜的黑眼珠还真有神呢！它的小嘴微微地撅着，像是要跟我说话。"小花鹿"的身体是橘黄的，上面有红色的花纹。一条又小又短的尾巴向上翘着，一副调皮的样子。

小花鹿整天静静地蹲在我的写字台上。我在小花鹿的脖子上，系了一条绿丝带。这一下，它变得更加神气，更加漂亮了。

我把平时省下的钱，从"小花鹿"后脑上的小口子里塞进去，"小花鹿"就像吃到了鲜嫩的树叶一样，高兴得眯起眼睛笑了。

一天又一天，一个月又一个月，不到一年，"小花鹿"变得沉甸甸的了。我常常轻轻地抚摸着它，心里非常快乐。

词 汇

1 小花鹿　　2 泥制(zhì)　　3 储蓄罐(chǔ xù guàn)　　4 脑袋(nǎo dài)　　5 粉红色(fěn)　　6 竖着(shù)　　7 倾听(qīng)　　8 周围(zhōu wéi)

9 动静(jìng yuán)　　10 圆溜溜　　11 眼珠(zhū)　　12 有神(shén)　　13 撅着(juē)　　14 橘黄色(jú)　　15 花纹(wén)　　16 翘着(qiào)

17 一副(fù)　　18 调皮　　19 静静地(jìng)　　20 蹲在(dūn)　　21 写字台　　22 脖子(bó)　　23 系了(jì)　　24 绿丝带

25 更加(zēng)　　26 神气　　27 平时　　28 省下(shěng)　　29 塞进(sāi)　　30 鲜嫩(jīng xiān / nèn)　　31 眯起(mī)　　32 沉甸甸(chén diàn)　　33 抚摸(fǔ mō)

语言和语法

1、在中文里，"的 (de)"、"地 (de)"、"得 (de)"所带出的词，都是用来修饰 (to modify) 其他词的，需要注意的是：

a. "的"和"地"所带出的词在它们前面，而"得"带出的词它在的后面。

比如：××的，××地，得××：

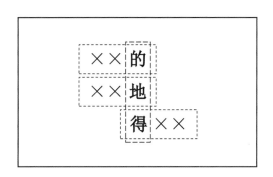

b. "的"带出的词是修饰名词的 (to modify a noun)。"地"和"得"带出的词，都是修饰动词或形容词的 (to modify a verb or an adjetive)。

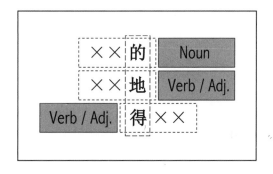

c. "｜×× 的｜ Noun ｜"的变式：

"小花鹿"的身体是<u>橘黄</u>**的**。

"小花鹿"变得<u>沉甸甸</u>**的**了。

d. 修饰和被修饰 (to modify and to be modified)：

我爱吃妈妈做**的**饭。（想一想，为什么不用"得"？）

"小花鹿"高兴**得**眯起眼睛笑了。

"小花鹿"高兴**地**眯起眼睛笑了。（想一想，以上两句话有什么不同？）

2、课文是从哪几个方面来写储蓄罐的？从课文找出下面的句子，体会这些句子是怎样把"小花鹿"写"活"的（Personification）。

（1）一对粉红色的小耳朵向上竖着，好像在倾听周围的动静。

（2）一张小嘴微微撅着，像是要跟我说话。

（3）它那条又小又短的尾巴向上翘着，一副调皮的样子。

（4）它整天静静地蹲在我的写字台上。

3、找一找课文里有几个"像"字，想一想带"像"字的句子有什么作用。

常用词复习

- 我　你　他　她　它　您　我们　爸爸　妈妈　叔叔　阿姨　哥哥　弟弟　姐姐
妹妹　表哥　爷爷　奶奶　父亲　母亲　姥姥　婆婆　儿子　女儿　孙子

- 老人　孩子　青年　少年　家人　亲人　朋友　敌人　谁　别人　自己　口　目
头　手　脚　眼睛　耳朵　嘴巴　鼻子　牙齿　肚子　心　血　肉

信 箱（俄国）

一

一天，爸爸把一个蓝色的信箱钉在门上，然后从口袋里掏 (tāo) 出一把小锁 (suǒ)，"咯"的一声把信箱的门锁上了。爸爸说："钥匙 (yào shi) 交给谁呢？谁来管信箱呢？"

哥哥高声说："我！"

妹妹也高声说："我！"

爸爸说："不要争了！哥哥大些，就把钥匙交给他吧。"

爸爸把亮晶晶的钥匙交给了哥哥。

二

哥哥每天用钥匙打开小锁，从信箱里取出报纸来。

妹妹求他说："哥哥，让我开一回嘛……"

"不行！信箱是我管的。"

哥哥坐下读报纸。妹妹跑到门口，看看信箱是不是忘了上锁。可是哥哥一次也没忘过。

有一次，妹妹看见门外台阶上有一封信。她把信拾起来，跑到屋子里，说："哥哥，你看，你把信丢了。"

"什么信？"哥哥从妹妹手里接过信，看了看说，"这是我放在台阶上的。这不是咱们的信。咱们住在大河沿。信上写的是小河沿。我放在台阶上，等邮递员 (yóu dì yuán, mailman) 来了，会拿走的。"

三

妹妹从结了冰花的窗户里往街上看。

街上滑溜溜的。行人怕摔跤 (shuāi jiāo)，都很小心地走着。天快黑了，邮递员 (yóu dì yuán) 还没来。他今天还会不会来呢？

该怎么办呢？也许住在小河沿的那一家急切地盼望着这封信，可是信却在这里……

妹妹穿好了大衣，戴好了头巾，拿着信就跑出去了。

四

外面风很大，雪也很大。妹妹踏着雪，很费劲地往前走，在黑暗里找门牌(pái) 号数。

妹妹好容易才走到52号的门口。她轻轻地推开大门，一条大黑狗跑过来汪汪地叫。妹妹急忙退出去，拉上门等着，看有没有人出来。不大一会儿，院子里有了脚步声，有人高声问："谁呀？"

"石铁潘诺夫家住在这儿吗？"

"对，住在这儿。有什么事？"

"这儿有你们的一封信。"

门开了，一个小孩走了出来。他披着棉衣，戴着遮(zhē) 住耳朵的帽子。

他从妹妹手中接过信去，问："这封信是谁给带来的？"

"是邮局寄来的。咱们两家的门牌都是52号，街道名称又差不多，我们是大河沿，你们是小河沿。邮递员把你们的信放在我们的信箱里了，我就把信给你们送过来了。"

妹妹说完了，转过身就往回走。小孩在后面大声说："谢谢！"

五

一个月，两个月，三个月过去了。给别人送信的事，妹妹早就忘了。

有一回，哥哥打开了信箱，取出一封信。他跑到爸爸跟前，说："爸爸，你看，这封信上只有地址，没有收信人的姓名，多滑稽呀！"

"给我吧。"爸爸接过信，看见信封上写着"大河沿52号收，小河沿52号寄。"他觉得奇怪，说："这是寄给谁的呢？"爸爸打开信封，取出信来读：

亲爱的不相识的小姑娘：

冬天，你把我从前线寄回来的重要的信送到了我家。你这样做，给了我们很大的帮助。要是我的信丢失了，那我家的人会多么着急啊！

万分感谢你！

近卫军中尉 (zhōng wèi, first leutenant) 石铁潘诺夫

爸爸把信整整齐齐地迭 (dié, fold) 好，又看了看信封，问两个孩子说："这是给谁的？"

妹妹睁大眼睛望着爸爸，说："大概……大概是给我的。"

"难道你也开过信箱，取过信箱里的信吗？"

哥哥的脸红了，就把那天发生的事告诉了爸爸。

爸爸看看哥哥，又看看妹妹，说："原来是这么回事。哥哥，你把钥匙交给妹妹，以后就由她管信箱吧。"

哥哥就把亮晶晶的钥匙交给了妹妹。

小恐龙"火焰"*

我有一只小恐龙，它的名字叫"火焰"。"火焰"是用绿色绒布做成的玩具。你相信吗？这只小恐龙还是我"喂大"的呢。那次参观玩具工厂的时候，我亲手把棉花塞进"火焰"的肚子里，亲眼看着它一点一点地"长大"、"长胖"，渐渐变成了眼前这个胖乎乎的小恐龙。

"火焰"的身上和背上是绿色的，黄色的肚子，红色的耳朵。它可以用耳朵飞，用桔红色的舌头舔我的手。它是世界上最聪明的动物。我做作业的时候，它总是瞪着两只大大的黑眼睛在一旁望着，好像也在思考问题。我碰到困难的时候，它还是笑眯眯的，好像在轻轻地问："虎子，我能帮你什么吗？"

"火焰"给我带来很多快乐，当我摸着它软软的毛，心里是多么高兴。

---

*作者刘思风，男，是出生在美国的中国孩子。

主题好比是目标　看好目标向前跑

马老师：从这学期开始，你们要在中文课上学习怎么样写作了。

小丽：　好啊！在英文学校，我最喜欢写作了！学了好几年中文，一直是读别人写的文章，现在我们终于要学习自己用中文写文章了！

亮亮：　我可不喜欢写作！在英文学校我的数学和科学都学得很好，就是写作让我头疼。有时候，觉得没有什么东西可写；有时候明明有东西可写，却不知道从哪里写起。

马老师：写作呢就是把自己脑子里所想的东西，通过文字告诉给别人。这是每个学生都必须学会的本领。从这学期开始，你们要一步一步地训练自己的这种本领。亮亮，我相信经过这样的训练，你的英文写作能力也一定会有所提高！

亮亮：　那可真是太好了！

马老师：你们从小到大，已经读过许多文章。现在请回答我一个问题：一篇文章是由哪几个部分组成的呢？

小丽：　我知道，一篇文章是由开头、中间和结尾三个部分组成的。

马老师：嗯，不错。每一篇文章都有开头、中间和结尾这三个部分……

亮亮：　还有题目！每一篇文章都有自己的题目！不是吗？

马老师：是的！题目也是一篇文章的重要组成部分。可是，一篇文章，除了题目、开头、中间和结尾以外，还有一个部分，它是无形的，却是最重要的。你们知道那是什么吗？

小丽和亮亮：（互相对问）那会是什么呢？

马老师：那就是文章的主题，the theme，也可以说是"the point"。

小丽：　哦！我想起来了，我在一本书上读到过："The theme is the soul of an article."Soul不正是无形的，却又是最重要的吗？

马老师：所以说呀，一篇文章其实有五个部分：主题、题目、开头、中间和结尾。这每个部分都有它自己的作用。任何一篇文章，假如这五个部分能够相互配合得好，那么，它基本上就能算是一篇完整的好文章了。

亮亮：　老师，您分别给我们讲讲主题、题目、开头、中间和结尾各有什么作用，它们怎样才能互相配合好，好吗？

马老师：好啊，今天就先给你们讲主题。为什么要先讲主题呢？因为对任何一篇文章来说，主题都是第一位的。因为有了一个主题，人们才会要去写文章。

文章其他的部分呢，题目也好，中间也好，开头和结尾也好，都是跟着主题来的，是为主题服务 (fú wù, serve to) 的。你们想一想，《我的"小花鹿"》这篇课文的主题是什么呀？

亮亮：　我觉得这篇课文的主题，就是要表达作者对小花鹿储蓄罐的喜爱。

小丽：　对，我同意。

马老师：那你们再看文章的题目，文章的开头、中间和结尾，是不是处处都能让你感到作者对"小花鹿"的喜爱呢？

亮亮：　是的！比如说，文章的题目不叫"泥制的储蓄罐"，而叫"我的'小花鹿'"，这不就表达了作者喜爱"小花鹿"的感情吗？

小丽：　作者在开头时写小花鹿是爸爸送的生日礼物，在中间部分写小花鹿可爱的外形，又写自己怎样给小花鹿系上绿丝带，结尾写自己抚摸小花鹿时快乐的心情。读了课文，连我都喜欢上这只小花鹿了！

马老师：那么，作者的心里是有了主题再动笔，还是一边写一边想主题的呢？

亮亮：　是心里有了主题再动笔的！我觉得作者真是非常喜欢他的"小花鹿"！

马老师：说得很好！主题就好像是一个目标。写文章的过程，就像是你去达到那个目标。如果那个目标是一个你非常想去的地方，你一定会高高兴兴地去达到它。如果那个目标是你根本就不想去的地方，你就会觉得一步都不想走，对不对？

亮亮：　这下我可明白为什么我不喜欢写作文了。学校里老师要我们写的东西，常常是我不感兴趣的，我当然不想写呀！有一次老师要我们写的正是我有兴趣的东西，我还挺愿意写的呢！

马老师：所以，作家们往往都是有了非常想写的主题才动笔写作的。可是，你们还是学生，还在学习写作，常常只能根据老师的要求来写作。一个老师教几十个学生，他怎么可能每次作文都给每个人找到各自喜欢的东西或者事情来写呢？

亮亮：　这就难了！如果常常得写自己不感兴趣的东西，又怎么学得好写作呢？

马老师：让我来给你们提个建议——"从大方向中找小目标"。Find a specific goal in a general direction。

小丽：　Find a specific goal in a general direction？

马老师：我来举个例子，你们就明白了。比方说，这个星期你们回家作业，是要写一篇文章，写你们喜爱的一个小物件。这是老师给你们规 (guī) 定的大方向 (general direction)。

刚听到这个要求，你们可能会想，小物件有什么意思？没什么好写的！可是，你要是仔细再想一想，你看到过的、拥有过的许许多多小物件中，真的就没有一样让你觉得喜欢、觉得有意思的吗？我想一定会有的！那或许是一件玩具，或许是一个摆设(bǎi shè, display)，或许是一个绒毛动物，甚至或许只是一张圣诞卡……你想到了那件你喜爱的东西，不就是在那个你原来以为没有什么意思的大方向中，找到了一个有意思的"小目标"吗？

亮亮：　嗨，这可是个好办法！我可以把它用到英文学校里去！比方说，上次老师让我们写 autobiography，我觉得一点也没兴趣。可是，如果我把它当成一个 general direction，再仔细想一想我从小到大的经历，还真的有不少有意思的事情可写的呢！

马老师：亮亮，你能把中文学校的学习和英文学校的学习联系起来，真让我高兴！

亮亮：　谢谢！

小丽：　老师，我特别喜欢课文《我的"小花鹿"》中的一些句子："好像在倾听周围的动静，""像是要跟我说话""小花鹿就像吃到了鲜嫩的树叶一样，高兴地眯起眼睛笑了"，这些都是英文老师教过我们的 personification。我们回家写作文的时候，也可以用这个办法吗？

马老师：当然可以！这就叫做"学以致(zhì)用"啊。

亮亮：　老师，我还有一个问题：我们这篇作文要写多长呢？

马老师：这学期的作文，300个字以上就可以了。你们可以直接用电脑写，也可以先用手写，但是写完后要输入电脑，再打印出来交给老师。我们的作文训练(xùn liàn)将会进行四个学期。在这四个学期里，每个学期你们都要写四篇作文。祝你们学习写作成功！

思考题：

1、一篇文章共有哪五个部分？为什么说主题是无形的？

2、《小恐龙"火焰"》的主题是什么？它的五个部分是不是配合得很好？

3、你是不是和亮亮一样，在英文学校里碰到过"没什么可写"的"大方向(general direction)"？想一想那是什么，试试能不能从中找到你有兴趣的"小目标"。

二、金鱼

每天下午，我从学校回来，都要在我的鱼缸旁边站一会，看鱼儿游戏，争食。

多活泼的小金鱼啊！它们摆着尾巴顽皮地追逐着。有时候，我把手指伸进鱼缸里，可爱的鱼儿们就都围拢过来。这个用小嘴儿"亲亲"，那个用小圆肚蹭蹭，还有的伸出浅紫色的胸鳍碰碰我的手指尖，像在和我握手呢！

早晨，看鱼儿"起床"特别有趣。一开始，鱼儿有的紧贴着缸壁休息，有的躺在缸底安静地睡觉。它们的眼睛总睁得圆圆的，又晶莹，又透明；紫红色的尾巴一直拖到缸底。忽然，一条小鱼儿醒来了，开始做起"早操"。它时而甩甩尾巴，时而又摆摆胸鳍；它一会儿鼓起圆圆的眼睛，像是生气了；一会儿又张着小小的嘴巴，似乎在自言自语。接着，一条、两条、三条、四条……鱼缸里的鱼儿都"起床"了，它们都和第一条鱼儿一样，纷纷做起"早操"来。这时候，鱼缸里一下子充满了生气。

我每天晚上上床以前，总要和小金鱼说声"晚安"，希望鱼儿和我一样，可以好好地睡上一大觉。

小金鱼真是我的好朋友啊！

词汇

1金鱼 2鱼缸 3游戏 4争食 5活泼 6摆着 7尾巴 8顽皮 9追逐 10围拢

11亲亲 12蹭蹭 13浅紫色 14胸鳍 15起床 16有趣 17紧贴 18缸壁 19躺在

20安静 21静 22圆圆的 23晶莹 24透明 25拖到 26醒来 27早操 28甩甩

29鼓起 30似乎 31自言自语 32充满 33生气 34晚安 35希望

语言和语法

1、中文句子里词的次序：

In Chinese, when describing an event, people put the main event (predicate) at the end of the sentence. In other words, the modifiers of the predicate are put <u>before</u> the predicate. In English, however, people put the main event right after the subject. The modifiers are put <u>after</u> the predicate.

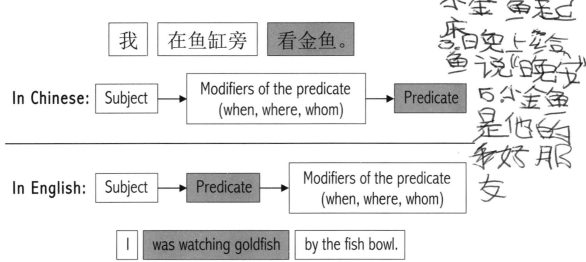

读一读下面的句子，想一想它们用英文怎么说，比一比中文句子和英文句子里词的不同次序：

• 下午，我从学校回来。

• 鱼儿有的紧贴着缸壁休息，有的在缸底安静地睡觉。

2、课文分了几段？每段各写了什么？想一想，从课文的哪些地方可以看出小金鱼是"活泼"的？找到课文里的动词 (verbs) ，写在下面：

常用词复习

- 马　牛　羊　鸡　鸭　公鸡　母鸡　猫　狗　猴子　狐狸　鸟　青蛙　鱼
  虫　树　树林　树枝　花　草　叶子　水果　香蕉　苹果　水果汁

- 百　千　万　零　两　几　而　而且　不但　从　使　和　要　还　却　把
  被　正　着　虽然　但是　可是　不仅　因此　因为　所以　如果

小英雄雨来（中国）

一

在中国的北方有一条河，河里长着很多芦苇 (lǔ wěi, reeds)。芦苇开花的时候，远远望去，黄绿色的芦苇上好像盖了一层厚厚的白雪。风一吹，芦花就飘飘悠悠地飞起来，一直飞到河边的小村庄里。这个村庄 (cūn zhuāng, village) 就叫芦花村。芦花村里有个十二岁的男孩，名叫雨来。

雨来最喜欢这紧靠着村边的芦花河。每年到了夏天，雨来和铁头、三钻儿，还有很多别的小朋友，好像一群鱼，在河里钻上钻下。他们在河里藏猫猫，狗刨，立浮，仰浮。雨来仰浮的本领最高，能够脸朝天在水里躺着，不但不沉底，还要把小肚皮露在水面上。

妈妈不让雨来玩水，因为怕出危险。有一天，妈妈看见雨来从外面进来，光着身子，浑身被太阳晒得又黑又亮，她就知道他又去玩水了。妈妈把脸一沉，转身就到炕 (kàng, heated bed) 上拿笤帚 (tiáo zhǒu, bed broom)。雨来一看，知道又要挨打了，撒腿就往外跑。

妈妈紧跟着追了出来。雨来一边跑一边回头看。糟了！眼看妈妈就要追上他了，该往哪儿跑呢？这时候，铁头正赶着牛从河边回来，远远地向雨来喊："快往河边跑！快往河边跑！"雨来听出了话里的意思，转身就往河边跑。妈妈还死命追着雨来不放，她到底追上了。可是雨来浑身光溜溜的，就像一条小泥鳅 (ní qiū, loach)，怎么也抓不住。她只听见"扑通"一声，雨来跳进河里不见了。妈妈站在河沿上，望着渐渐扩大的水圈直喘气。

忽然，远远的水面上露出了个小脑袋来。那是雨来，他就像小鸭子一样，抖着头上的水，用手抹一下眼睛和鼻子，嘴里吹着气，望着妈妈笑。

二

秋天，雨来上了夜校。

夜校就在三钻儿家的豆腐 (dòu fu) 房里。房子很破。教课的女老师胖胖的，剪着短发。女老师走到黑板前面，学生们嗡嗡嗡嗡说话的声音就立刻停止了，只听见哗啦哗啦翻课本的声音。雨来从口袋里拿出了课本，课本是用土纸油印的。雨来怕把书揉 (róu) 坏了，向妈妈要了一块红布，包了个书皮，上面用铅笔歪歪斜斜 (wāi wāi xié xié) 地写了"雨来"两个字。雨来把书放在腿上，翻开了书。

女老师斜着身子，用手指点着黑板上的字，念着：

"我们是中国人，我们爱自己的祖国。"

大家随着女老师的手指，齐声轻轻地念起来：

"我们是中国人，我们爱自己的祖国。"

三

有一天，雨来从夜校回到家里，躺在炕 (kàng, heated bed) 上，背着当天晚上学会的课文。可是没背到一半，他就睡着了。

不知什么时候，门"吱扭 (zhi niu)"响了一声。雨来睁开了眼，看见闪进来一个黑影。妈妈划了根火柴，点着灯，一看，原来是爸爸。爸爸肩上挂着子弹带 (cartrige belt)，腰里插着手榴弹 (grenades)，背上还背着一根长长的步枪(rifle)。

爸爸怎么忽然这样打扮起来了呢？只听爸爸对妈妈说："日本兵又'扫荡 (sǎo dàng, to rampage)'了，各村的民兵 (militia) 都要集合起来，可能要一两个月才能回来。"雨来问爸爸说："爸爸，远不远？"爸爸把手伸进被窝里，摸着雨来光溜溜的背，说："这我可不知道，说远就远，说近就近。"爸爸又转过脸对妈妈说："明天你到你哥哥家去走一趟，叫他赶快带他们村里的民兵去集合。"

雨来还想说什么，可是门"哐啷 (kuāng lāng)"响了一下，他就听见爸爸走出去的脚步声。爸爸走了。不大一会儿，什么也听不见了，只听见从街上传来一两声狗叫。

第二天，吃过早饭，妈妈就到舅舅 (jiù jiu) 家去了，让雨来看家。因为要看家，所以不能到外面去。于是雨来就趴在炕上念他的课本。

忽然，雨来听见街上咕冬咕冬有人在跑，声音把屋子震得好像要摇晃起来，窗户纸也"哗啦哗啦"响。

雨来一骨碌下了炕，把书塞进怀里就要往外跑。正在这时，进来一个人，雨来正撞在这个人的身上。他抬头一看，是李大叔。李大叔是抗日游击队员 (yóu jī duì yuán, guerrilla)，是雨来爸爸的好朋友。

随后雨来听见日本兵"唔哩哇啦"地叫。李大叔忙把墙角那只装着一半糠 (kāng, chaff) 的缸 (gāng, big cauldron) 搬开。雨来两眼愣 (lèng) 住了，"咦！这是什么时候挖的洞呢？"李大叔跳进洞里，说："快把缸搬回原地方。你就快到别的院里去，这件事对谁也不要说。"

雨来用尽了气力，终于把缸搬回到原地。

雨来刚走到屋外，看见十几把雪亮的刺刀 (cì dāo, bayonet) 从前门插了进来。

雨来撒腿就往后院跑，他听见背后"喀啦"一声枪栓 (qiāng shuān, riflebolt) 响，有人大声叫"站住！"雨来不理，脚下像踩着了风，一直朝后院跑去。只听见子弹从他头上"唆唆"地飞了过去。可是后院没有门，雨来急出了一身冷汗。靠着院墙有一棵桃树，雨来抱着树就往上爬。这时候，日本兵已经追到了树底下。日本兵伸手抓住雨来的脚，往下一拉，雨来就摔到地上了。日本兵把雨来的两只胳膊向后一拧，捆起了来，推进屋里。

四

日本兵把雨来家都翻遍了，连枕头 (zhěn tóu, pillow) 都给刺刀挑破了。炕边上坐着一个日本军官，两眼红红的，用中国话问雨来："小孩，问你话，不许撒谎！"他突然瞪着雨来的胸前，张着嘴，眼睛睁得圆圆的。

雨来低头一看，原来，是怀里的课本露出来了。那日本军官一把抓过课本，翻着看了看，问雨来："谁给你的？"雨来说："捡来的！"

那军官笑了笑，温和地对雨来说："不要害怕！小孩，皇军是爱你的！"说着，就叫人给他松绑。

雨来把手放下来，胳膊发麻发疼。日本军官用手摸着雨来的脑袋，说："这本书是谁给你的，反正没有关系，我不问了。别的话要统统告诉我！刚才有一个人跑进这里来，你看见没有？"雨来用手背抹了一下鼻子，嘟嘟囔囔地说："我在屋里，什么也没看见。"

那军官把书扔在地上，伸手往口袋里掏 (tāo)。雨来心想："掏什么呢？找刀子？日本兵生了气，会挖小孩眼睛的！"只见日本军官掏出来的是一把雪白的糖块。

那日本军官把糖往雨来手里一塞，说："给！给你吃！可是你得说出来，那个人在什么地方？"

他又伸出那个带金戒指 (jiè zhǐ, ring) 的手指，指着金戒指说："这个，金的，也给你！"

雨来既没有接他的糖，也没有回答他。

站在旁边的一个日本兵"嗖"地抽出刀来，瞪着眼睛要向雨来头上劈。那军官对他摇了摇头。两个人"唧唧咕咕"说了一阵。日本兵向雨来横着脖子翻白眼，使劲把刀放回了鞘 (qiào, sheath) 里。

日本军官压住肚里的火气，用手轻轻地拍着雨来的肩膀，说："我最喜欢小孩。我说的那个人，你到底看见没有？说呀！"

雨来摇摇头，说："我在屋里，真的什么也没看见。"

日本军官的眼光立刻变得凶恶可怕了。他向前弓着身子，伸出两只大手。啊！那双手就像鹰的爪子，扭着雨来的两个耳朵，向两边拉。雨来疼得咧着嘴叫。那军官又抽出一只手来，在雨来的脸上打了两巴掌。他又把雨来脸上的肉揪起一块，咬着牙使劲地拧。雨来的脸上立刻变成白一块，青一块，紫一块了。

那个日本兵也走上前来，向雨来胸上狠狠地打了一拳。雨来被打得站不住，后退几步，后脑勺正好碰在墙上，但又立刻被抓过来，他的肚子撞在了炕上。

雨来半天才喘过气来，他的脑袋里像有一窝蜜蜂，嗡嗡地叫。他两眼直冒金花，鼻子也流血了。一滴一滴的血滴下来，滴在课本的那行字上：

"我们是中国人，我们爱自己的祖国。"

日本兵打得累了，可是雨来还是咬着牙说："没看见！"

那军官气得跳起来，嗷嗷地叫：

"枪毙 (qiāng bì, to execute)，枪毙！给我拉出去，拉出去！"

五

太阳已经落下去了。在蓝天上飘着的浮云像一块一块的红绸子 (chóu, silk)，照在村外的河上，就像开了一大朵一大朵的鸡冠花。芦花被风吹起来了，飘飘悠悠地飞着。

芦花村里的人听到河边上响了几枪。老人们含着泪说：

"雨来是个好孩子！死得真可惜！"

"有志不在年高！"

芦花村的孩子们，听到枪声，也都"呜呜"地哭了。

六

李大叔在地洞里等了好久，也不见雨来来搬缸 (gāng, big cauldron)，他就往另一个出口走。他轻轻地推开洞口的石板，伸头一看，院子里空空的，一个人影也没有，四处也不见动静。忽然他听见街上有人喊："卖豆腐啦！卖豆腐啦！"这是芦花村人的暗号，李大叔知道敌人已经走远了。

可是怎么不见雨来呢？他跑到了街上，看见许多人往河边跑，一打听，才知道雨来被日本兵打死在那里了！

李大叔脑袋里"轰"的一响，他眼泪就流下来了。他跟着人们向河边跑。

到了河边，别说尸首 (shī shǒu, corpse)，连一滴血也没看见。

大家呆呆地在河边上站着。芦花河静静的，河水打着旋涡 (xuán wō)，向下流去。虫子在草里叫着。有人说："也许日本兵把雨来扔在河里，已经被河水冲走了！"于是，大家就顺着河岸向下找。突然，铁头叫了起来：

"啊！雨来！雨来！"

在芦苇里，水面上露出个小脑袋来。雨来还是像小鸭子一样抖着头上的水，用手抹了一下眼睛和鼻子，扒着芦苇，向岸上的人问：

"敌人走了？"

"啊！"大家都高兴得叫了起来，"雨来没有死！雨来没有死！"

原来枪响以前，雨来就趁日本兵不防备，飞快地一下子跳到河里。日本兵慌忙向水里开枪，可是我们的小英雄雨来早已经从水底游到远处去了。

小松鼠*

　　我家后院住着两只小黑松鼠。它们白天除了寻找食物以外，就在大树上玩耍。旧金山湾区的黑松鼠和我以前在密执安州看见的有些不同。因为湾区气候宜人，四季如春，既不会冷到松鼠需要用尾巴当被子，也没有热到它需要用尾巴当阳伞，所以它们的尾巴细细的。它们的尾巴只是保留着最基本的用处，就是用来保持平衡。

　　松鼠在空中过街的技术非常有趣。它先沿着后院的一排树跳上我们的屋顶，飞快地跑过屋顶，利用惯性跳到离屋顶一米远的细树枝上。它随着树枝上下摆动，腿一蹬，蹿到一根粗枝上。接着，松鼠猛地往上一跳，就上了半米开外的电力线。这电线是从街对面的电线杆上拉过来的。黑松鼠终于进入了节目的高潮。它顺着直径一厘米的电线向街对面走去，活象一位小小的杂技演员。它时而走得快，时而走得慢，时而又停下来。有趣的是，它走得越快，尾巴也就动得越快。它走得慢的时候，尾巴是一左一右地来回摇摆；等它走快了，尾巴就会乱甩，左甩两下，右甩一下，像是在空中写狂草。它累了，不想走了，就停在马路的上空，尾巴向下卷，侧过身子，小心翼翼地坐在电线上，慢慢地吃些存在嘴里的食物。它休息过后，继续前进，一直走到街对面的电线杆上。

　　这两只小黑松鼠经常在一起玩，它们最喜欢玩的游戏是捉迷藏。一只松鼠会把身子紧靠着树枝，一动也不动。另一只松鼠就坐在附近侧耳倾听。它一旦听出那只松鼠的动静，就向那只松鼠迅速地扑去。说时迟，那时快，眼看那只松鼠就要被抓住了，那只松鼠轻轻一跳，就上了树干。这只松鼠马上追了上去。谁知松鼠绕着树干跑了几圈就停住了。它们你看看我，我看看你，已经忘了是谁追谁了。僵持了一会儿，上面一点的松鼠忽然向下面的那只扑去。游戏又开始了。

　　当我在窗下看闲书的时候，只要一听见松鼠嬉戏或吃食的声音，就会跑出去看它们。它们吃东西的时候，会发出"啧啧啧啧——咕加——"的声音，尾巴则在"啧啧啧啧"的时候不断乱甩。

　　这两只小松鼠给我带来了许多乐趣。

---
* 作者夏苏舒，女，六岁时来美国。

读者就像是客人　开头好比是开门

亮亮：　马老师，上一次您告诉我们怎样找一个自己有兴趣的主题来写作，对我们很有帮助。可是我觉得作文的开头也很难。有时候，我知道自己想写什么，可就是不知道怎么开头。您能不能给我们讲讲，作文的开头究竟要写些什么，应该怎样写呢？

马老师：好。接下来我们就来谈谈作文的开头。上次我们讲到一篇文章的五个组成部分：主题、题目、开头、正文、和结尾。这每个部分都有自己的作用。你们说说，开头有什么作用呢？一篇文章的主题主要是通过正文部分来表现的，要开头干什么呢？

小丽：　我只知道一篇文章如果少了开头和结尾，就不像一篇文章了。可是，开头和结尾究竟有什么用，我就说不上来了。

马老师：开头的作用，就是帮助读者作好准备来了解你的主题，或者说，是邀请 (yāo qǐng, invite) 读者来了解你的主题。

亮亮：　老师，您是说我们得帮助读者作好准备？

马老师：是啊，我们写的文章，大多数都是要给别人看的，这有点像请别人来参观一个你的"open house"。你们想像一下，如果今天有一个"open house"的活动，远远地看到客人来了，你做的第一件事是什么？

小丽：　那当然是把门打开来啦！门开了，别人进来才方便啊！而且，开门也是为了表示对他们的欢迎呢！

马老师：对，文章的开头，其实就是起这个"开门"的作用。刚才小丽说到，开门有两个作用：第一是让客人进来方便；第二是表示对客人的欢迎。让我们一起来看看几篇小作者写的文章的开头。想一想，这些开头是不是起到了这两个作用：

《我的"小花鹿"》开头：

　　去年我生日那天，爸爸送给我一只美丽的"小花鹿"。它既不会跑，也不会跳，是个泥制的储蓄罐。

《小恐龙"火焰"》开头：

　　我有一只小恐龙，它的名字叫"火焰"。"火焰"是用绿色绒布做成的玩具。

《金鱼》开头：

　　每天下午，我从学校回来，都要在我的鱼缸旁边站一会，看鱼儿游戏、争食。

《小松鼠》开头：

　　　我家后院住着两只小黑松鼠。它们白天除了寻找食物，就在大树上玩耍。

　　你们说说，这些开头是怎样"让客人进来方便"，让你们准备好去了解文章的主题的？

亮亮：　我的英文老师说过，一篇文章的 setting 包括"who"、"what"、"when"、"where"、"why"五个"W"。刚才读的这些开头，都用短短的几句话，就把这五个"W"大部分交代清楚了。这样我们就知道文章大概会写些什么，了解它的主要内容，也就方便啦！

小丽：　好像听我爷爷说过，写文章要"开门见山"，大概就是这个意思了。

马老师：是的。那么，读了这些开头，你们是不是感觉到，作者是欢迎你们读这些文章，甚至是在邀(yāo)请你们读这些文章的呢？

亮亮：　我觉得是的。因为读了这些开头，我都很想接着读下去。比方说《我的"小花鹿"》吧，如果作者只写"去年我生日那天，爸爸送给我一只泥制的储蓄罐。"虽然他也交代了那些"W"，我就不会这么想知道下面写的是什么了。现在，他写爸爸送给他的是一只"小花鹿"，却"既不会跑，也不会跳"，就让人觉得很有意思，很想看下去，这就好像是在欢迎我们读下去呢。

小丽：　在这四篇文章的开头，都有一些让人想接着读下去的东西。比方说小恐龙的名字"火焰"，就很 cool。再比方《小松鼠》里，写那两只松鼠"白天除了寻找食物，就在大树上玩耍"。也很有意思。

马老师：你们说得很好。亮亮，现在你来说说，文章的开头应该写些什么，怎样写呢？

亮亮：　我想有两点。第一，开头应该用简短的话，把 setting 的那些"W"——"who"、"what"、"when"、"where"、"why"，尽量多地交代清楚。第二，尽量写得有趣一些，让人看了开头再想往下看。

马老师：你说得很对！刚才你想问我的问题，现在你自己回答了！那么我再来问你们一个问题：这些小作者为什么能把开头写得这么有趣呢？

小丽：　那是因为他们要写的是自己觉得很有趣的主题！我想要是他们不是真的喜爱"小花鹿"、"火焰"、金鱼和小松鼠，就写不出这么好的开头！

马老师：这一点非常重要。这个星期的作文是写一个或一种你喜欢的动物，你们打算怎么写呢？

亮亮：　还是像前一次课说的那样。首先，在老师您给的大方向中，找到一个我们自己有兴趣的小目标，作为作文的主题。

马老师：对。你们可以写一个动物，也可以写一种动物，都可以。但是一定要是你喜欢的，而且也要让读者感觉到你对它的喜爱。

亮亮：　我一直非常想要一只小狗做我的宠物，可是我现在还没有得到。我可以写我想像中的那只小狗吗？

马老师：也可以。

小丽：　马老师，今天您讲的文章开头的方法，我们应该用到这篇作文中去吧？

马老师：那当然！不仅是这篇作文，以后其他的作文里，也都要试着用这样的方法。只有多用，才能真正学会。学会了这种最基本的开头方法，以后才能学习更高级的开头方法。

亮亮：　更高级的开头方法是怎样的？老师您能不能给我们举个例子？

马老师：例子嘛，"远在天边，近在眼前"，你们看：

　　　　　一天，爸爸把一个蓝色的信箱钉在门上，然后从口袋里掏出一把小锁，"咯"的一声把信箱的门锁上了。爸爸说："钥匙交给谁呢？谁来管信箱呢？"

亮亮：　这是《信箱》的开头嘛！这个开头，让你觉得非常想知道问题的答案。而且你会感到，后面一定有一个非常有趣的故事在等着你！

马老师：再看这个：

　　　　　在中国的北方有一条河，河里长着很多芦苇。芦苇开花的时候，远远望去，黄绿色的芦苇上好像盖了一层厚厚的白雪。风一吹，芦花就飘飘悠悠地飞起来，一直飞到河边的小村庄里。这个村庄就叫芦花村。芦花村里有个十二岁的男孩，名叫雨来。

小丽：　作者把雨来的家乡写得多美啊。这使我想起许多电影，也是以美丽的风景开头的。马老师刚才不是说，文章的开头像开门吗？《小英雄雨来》的开头，好像是作者打开了大门，领我们穿过美丽的花园，来到了屋子跟前。这美丽的花园也是在热情地欢迎着我们哪！

马老师：小丽说得很好。这些更高级的开头，是等你们学会了基本的方法以后，可以进一步学的。今天我们就先讲到这里吧，下一次上课再见！

思考题：

1、文章开头的基本方法，包括有哪两个要点？为什么亮亮说到这两个要点时，都用了"尽量"这个词？说说你的想法。

2、你喜欢那两个"高级"的开头吗？老师为什么说你们得先学会最基本的方法？

3、"一个动物"和"一种动物"有什么区别？

三、荷花

一天清早，我到公园去玩，远远就闻到一阵清香。于是我赶紧往荷花池边跑去。

荷花已经开了不少，荷叶一片挨着一片，像一个个碧绿的大圆盘。白荷花在这些大圆盘之间冒了出来。有的才展开两三片花瓣儿，有的花瓣儿全都展开了，露出嫩黄色的小莲蓬。有的还是花骨朵，看起来饱胀得像马上要破裂似的。

这么多的白荷花，一朵有一朵的姿势。看看这一朵，很美，看看那一朵，也很美。一池荷花简直像一大幅活的画。

看着，看着，我忽然觉得自己仿佛就是一朵荷花了。我仿佛穿着雪白的衣裳，站在阳光里。一阵风吹来，我就翩翩起舞，雪白的衣裳随风飘动。不光是我一朵，一池的荷花都在舞蹈。风过了，我停止了舞蹈，静静地站在那儿。蜻蜓飞过来，告诉我清早飞行的快乐。小鱼游过来，告诉我它们昨夜做的好梦……

又过了好一会儿，我才记起自己不是荷花，我是在看荷花呢。

词 汇

1 荷花（hé）　2 闻到（wén）　3 一阵（zhèn）　4 清香（xiāng）　5 于是　6 荷花池　7 挨着（āi）　8 碧绿（bì lù）　9 大圆盘（pán）

10 冒出来（mào）　11 展开（zhǎn）　12 花瓣儿（bàn）　13 露出（lòu）　14 嫩黄色（nèn）　15 莲蓬（lián péng）　16 花骨朵　17 饱胀（bǎo zhàng）

18 破裂（pò liè）　19 姿势（zī shì）　20 简直（jiǎn）　21 一幅（fú）　22 仿佛（fǎng fú）　23 雪白　24 衣裳　25 翩翩起舞（piān）

26 随风飘动（suí fēng piāo dòng）　27 停止（tíng zhǐ）　28 舞蹈（wǔ dǎo）　29 蜻蜓（tíng）　30 清早　31 飞行（xíng）　32 好梦（mèng）

语言和语法

1、中文的疑问词 (interrogative words)：

中文里的疑问词有：什么、谁、哪里（哪儿）、怎么（怎样）、为什么等等。疑问词可以用来提问题，比如：

- 你叫<u>什么</u>名字？
- 荷花是<u>什么</u>颜色的？
- <u>谁</u>在那里看荷花？
- 你的朋友是从<u>哪里</u>来的？
- 这只风筝是<u>怎么</u>做的？
- 爸爸<u>为什么</u>送给你这个储蓄罐？

疑问词也可以表示"所有的东西（什么，anything）"、"所有的人（谁，anybody）"、"所有的地方（哪里，anywhere）"、"所有的作法（怎么，anywhy）"等等：

- 你就跟我来吧，什么东西也不用带。
- 她唱的歌，谁都爱听。
- 我哪里都找过了，还是找不到我的笔。
- 这个瓶子弟弟是怎么也打不开的。
- 明天我整天都在家，你什么时候来都行。

2、在课文的第四小节，作者把自己想像成一朵荷花。熟读这一小节，把它背下来，体会一下这样写有什么好处。

常用词复习

- 前　前面　前边　后　后面　后边　往前　往后　左　左面　左边　右　右边
右面　来　进来　过来　出来　去　进去　过去　出去　到　来到　　走到

- 的　地　得　了　也　又　是　不　不是　有　没有　在　不在　这　这个
这里　这样　这时　那　那个　那里　那样　哪个　哪里　哪儿　就　再　最

夜莺(yè yīng, nightingale)之歌（俄国）

一

战斗刚刚结束，有一小队德国兵(German soldiers)进了一个村庄 (cūn zhuāng, village)。街道两旁都是黑色的瓦砾 (rubbles)，烧焦了的树木垂头丧气地弯着腰。

这时，夜莺 (nightingale) 的歌声打破了夏日的沉寂。夜莺的歌声停了一会儿又响了起来，而且越来越有劲。

德国兵注意地听着。他们看看周围的灌木丛(bush)，又望望路旁的白桦树 (white birch)。突然，他们发现就在很近很近的地方，有一个孩子坐在河边，搭拉着两条腿。孩子光着头，穿一件跟树叶差不多颜色的绿上衣，拿着一块木头，不知道正在削什么。

"喂，你来！"中尉(zhōng wèi, first leutenant)用生硬的俄国话 (Russian) 叫那个孩子。那个孩子赶紧把小刀放进衣袋里，抖了抖衣服上的木屑，走到军官跟前来。

"喂，让我看看！"德国军官说。

孩子从嘴里掏出一个小玩意儿，递 (di, hand over) 给德国军官，快活的蓝眼睛望着他。

那是一个用白桦树皮做的口哨 (kǒu shào, a whistle)。"这玩意儿你做得不错。"中尉点了点头，"谁教你这样吹哨子的？"

"我自己学的。我还会学杜鹃 (cuckoos) 叫呢。"孩子学了几声杜鹃叫。接着，他又把口哨塞到嘴里吹起来。

"村子里就剩你一个了吗？"中尉继续盘问 (pán wèn, to interrogate) 孩子，并且把望远镜拿到眼睛前。

"怎么会就剩我一个？这里有麻雀、乌鸦、鹧鸪，多着呢，夜莺倒是只有一个！"

"你这个坏小子！"中尉打断了孩子的话，"我是问你这里有没有人。"

"人？战争一开始，这里就没有人了。"孩子不慌不忙地回答，"刚刚开火，村子就着火了，大家喊着'野兽来了，野兽来了，'就都跑了。"

"蠢 (chǔn) 东西！"中尉想着心事，冷笑了一下。

"喂，你认识往苏蒙塔村去的路吗？"

"怎么会不认识，"孩子很有信心地回答，"那里有个磨坊 (mò fāng, mill)，我常到磨坊附近的坝 (bà, dam) 上去钓鱼。那儿的狗鱼可厉害呢，能吃小鹅！"

"好啦，好啦，带我们去吧。要是带得对，我就把这个小东西送给你。"中尉说着，指了指他的打火机。"要是你把我们带到别处去，我就把你的脑袋扭 (niǔ) 下来。听懂了吗？"

二

队伍出发了，孩子和中尉并排走在前面。孩子有时候学夜莺唱，有时候学杜鹃叫。他把胳膊一甩一甩地，打着路旁的树枝，或者弯下腰去拾松果 (pinecones)，或者用脚把松果踢起来。他好像把跟在身边的敌人完全忘了。

森林越走越密了。那弯弯曲曲的小道穿过茂密的白桦林，穿过杂草丛生的空地，又爬到长满云杉 (dragon spruce) 的小山上去了。

三

树林深处，有几个俄国游击队员 (Russian guerrillas) 埋伏 (to ambush) 在那里，树旁架着冲锋枪 (submachineguns)。从树枝缝里向外望，能够看见那曲折的小路。游击队员们不时说几句简单的话，小心地拨开树枝，聚精会神地望着远方。

"你们听见了吗？"一个游击队员 (a guerrilla) 突然说。远处好像一种什么鸟在叫，随着风吹树叶的细碎声模模糊糊地传来。他伸直了腰，侧 (cè) 着头，往叫声那边听。

"是夜莺！"他轻声说道。

"你没听错吗？"另一个游击队员问。

先说话的那个人紧张起来。他再仔细听，可是又什么也听不见了。不过他还是从大树桩 (stump) 下边掏出四个手榴弹 (grenades) 来，放在面前，准备战斗。

"现在你们听见什么了没有？"

夜莺的歌声越来越响了。

先听到夜莺叫的那个人呆呆地站着，好像钉在那里似的。他慢慢地数，"一，二，三，四……"一边数一边用手打着拍子。

"三十二个德国兵……"那个人注意地数着一声一声的鸟叫，最后说。只有游击队员才知道这鸟叫的意思。夜莺的叫声停止了，接着传来两声杜鹃 (cuckoos) 叫。"两挺机关枪 (machine guns)。"他又补充说。

"咱们对付得了！"一个游击队员端着冲锋枪说。说完，理了理挂在腰间的子弹带。

"没问题，对付得了！"先听到鸟叫的那个人回答说，"我和斯切潘把他们放过去，等你们开了火，我们就在后边阻击 (to block)。如果我们出了什么事，你们可不要忘了小夜莺。"

过了几分钟，德国兵在树林后边出现了。夜莺还是兴致勃勃地唱着，但是那歌声的意思游击队员早已经知道了。

四

当德国兵走进了云杉林的时候，树林深处响起了一声口哨 (whistle)，像回声一样回答了孩子。孩子突然转了个身，钻进树林深处，不见了。

一声枪响，打破了林中的寂静。中尉还没来得及举起手枪，就滚到路边去了。被冲锋枪打伤了的德国兵一个跟一个地倒下了。德国兵的呻吟声，叫喊声，游击队的喊杀声，一时充满了树林。

五

第二天，孩子又穿着那件绿上衣，坐在河边削什么东西。他不时回过头去，望望那几条通到村子去的道路，好像在等候谁似的。从孩子的嘴里飞出了夜莺的歌声。这声音，即使是听惯了夜莺叫的人，也分不出跟真的夜莺叫声有什么两样。

窗边的吊兰*

我家客厅的窗边，挂着一盆美丽的吊兰。那是五年以前我姥姥送我们的。那时候，吊兰很小，只有两片跟大拇指一样大的叶子。可是，五年后的今天，吊兰已经长得跟我们的书架差不多高了！

我家的吊兰很漂亮，心型的叶子长在一根长长的花茎上，叶面上有绿和白两种颜色。有的叶子上，绿的地方比白的地方多，有的叶子上，白的地方却比绿的地方多。那些新长的叶子呢，就只是嫩绿嫩绿的。

妈妈每次给吊兰浇水，叶子的尖儿上就冒出一颗像珍珠一样的小水滴。爸爸在吊兰盆上栓了一根绳子，让它顺着绳子爬到窗户上面去。不到一年，吊兰已经爬过半个窗户了。妈妈常说："现在我们家的窗帘上加了一条绿花边了！"

我有时候把我的小玩具放在吊兰盆里。要是你现在到我们家作客，你就会看见一只玩具小青蛙和一只橡皮蝎子，正舒舒服服地躺在吊兰叶子上。

我没事的时候，喜欢趴在吊兰旁边看，想跟吊兰聊聊天。吊兰的花茎和叶子微微地晃动着，好像真能听懂我的话呢！

---

* 作者江硕，男，是出生在美国的中国孩子。

结尾"点题"很重要　"直接"容易"间接"妙

亮亮：　马老师，您上次给我们讲了写文章怎样开头，我猜今天该给我们讲讲怎样结尾了吧？

马老师：对呀，我们想到一块儿去了。我们今天就来说说文章的结尾吧。

小丽：　上次您说，开头就像是打开了门迎接客人，那么结尾是不是像客人离开的时候和他们告别？

马老师：Good point！我们还是用"open house"来打比方吧。上次小丽说到，开门有两个作用：第一是让客人进来方便；第二是表示对客人的欢迎。这是文章开头的作用。现在，假如客人参观完了你们的"open house"，要走了，你们为什么要跟客人告别呢？离开的时候，你们对客人有什么希望呢？

小丽：　我希望在客人离开的时候，对我们的"open house"有一个清楚的印象。

亮亮：　对，我也是这么想。我还希望客人喜欢我们的"open house"，走的时候有几分"依依不舍"。

马老师：你们真是说到点子上了！那么，怎么样向客人告别，才能实现你们的这两个希望呢？

小丽：　客人在我们这里看了很多东西，在他们离开的时候，我会用简短的话，提醒他们刚才看到了什么，这个"open house"的主题是什么，wrap everything up。这样，他们就带走一个很清楚的印象。

马老师：你说得很好。文章的结尾，也就是起这个"告别"的作用。作者们往往在结尾的时候用很简短的话，提醒读者他文章的主题，他的 point 是什么，这叫做"点题"。当然，"点题"的方法有好几种，最容易的是直接(directly)点题。比方说，《我的"小花鹿"》和《小恐龙"火焰"》的结尾，都是直接点题的。你们看：

《我的"小花鹿"》的结尾：

　　一天又一天，一个月又一个月，不到一年，小花鹿变得沉甸甸的了。我常常轻轻地抚摸着它，心里非常快乐。

《小恐龙"火焰"》的结尾：

　　"火焰"给我带来很多快乐，当我摸着它软软的毛，心里是多么高兴。

小丽：　马老师，您说的结尾"点题"，用英文说就是"wrapping everything up by highlighting the theme, or the point."对吗？

我觉得《金鱼》和《小松鼠》的结尾，也是直接"点题"的。

《金鱼》的结尾是：

　　小金鱼真是我的好朋友啊！

《小松鼠》的结尾是：

　　这两只小松鼠给我带来了许多乐趣。

亮亮：　我同意小丽说的。但是，我很喜欢《荷花》的结尾，它和你们刚才说的几个结尾好像有点不同：

　　又过了好一会儿，我才记起自己不是荷花，我是在看荷花呢。

作者没有直接说自己是多么喜欢荷花，但是我们却可以感受到她对荷花的喜爱。而且，这个结尾读起来更有味道，更 cool。

马老师：亮亮说得不错，这样的结尾是间接 (indirectly) "点题"。间接点题往往会给读者留下回味的余地，可以达到你刚才说的第二个希望：让"客人"离开的时候，有依依不舍的感觉。可是，间接点题的结尾比较难写一点。

小丽：　我也觉得《荷花》的结尾特别有意思。我想我们可以"先易后难"：先学会直接点题，再学间接点题。

亮亮：　小丽你看，《窗边的吊兰》好像没有专门的结尾，最后一段，又写了一个新的内容：

　　我没事的时候，喜欢趴在吊兰旁边看，想跟吊兰聊聊天。吊兰的花茎和叶子微微地晃动着，好像真能听懂我的话呢！

小丽：　我觉得虽然这是新的内容，但是它也是起"wrapping up"和点明主题的作用，尤其是最后一句话，既提到前面描写的花茎和叶子，又写了作者和吊兰之间的关系，不是吗？

马老师：是的。其实开头和结尾都有这种情况。有时候，开头和结尾都不单独成段，但是，开头和结尾的部分和作用一定要有。明白吗？

亮亮和小丽：明白！

小丽：　马老师，您上次讲到有更高级的开头方法，那么，应该也有更高级的结尾方法吧？

马老师：我们上次提到《小英雄雨来》的开头，你们还记得吗？

亮亮：　《小英雄雨来》的开头讲，住在中国北方一条河边的男孩子雨来。

马老师：那么你们再来看《小英雄雨来》的结尾：

　　原来枪响以前，雨来就趁日本兵不防备，飞快地一下子跳到河里。日本兵慌忙向水里开枪，可是我们的小英雄雨来早已经从水底游到远处去了。

看上去，这个结尾只是在讲故事中的一个环节，其实却悄悄地点出了"小英雄雨来"的主题，而且又回到了文章开头的时候描写过的那条河。这种"首尾呼应"的方法，你们说妙不妙？

小丽：我们上星期回家读的《夜莺之歌》的结尾，也是和开头呼应的。文章的开头写到夜莺的歌声。作者在讲完那个紧张的故事之后，最后又回到了夜莺的歌声：

第二天，孩子又穿着那件绿上衣，坐在河边削什么东西。他不时回过头去，望望那几条通到村子去的道路，好像在等候谁似的。从孩子的嘴里飞出了夜莺的歌声。这声音，即使是听惯了夜莺叫的人，也分不出跟真的夜莺叫声有什么两样。

亮亮：读到这里，我一边回味文章刚讲过的故事，一边又想像第二天可能又会有新的故事发生，非常有意思。

马老师：这两个结尾，应该都可以算"高级"的了。虽然这两篇文章都是成人作家写的，你们将来有机会的时候也不妨试一试。当然，首先要学会基本的结尾方法——直接或间接地点明主题 (highlighting the theme)。

小丽：我们这次回家写作文，就应该学习在结尾的时候"点题"。

亮亮：这次作文写植物，我又好像觉得没什么东西可写呢！

马老师：还记得我们第一讲中说过的吗？"大方向中找小目标"。家里种过的植物，学校或教室里常见的植物，甚至外出旅游时见到的植物，树啊，花啊，草啊，都可以写呀！高班曾经有一个同学甚至写过一篇《秋天的树叶》，也写得很好。重要的是，选的东西，是你对它有一点感动的。

小丽：亮亮，你注意到了吗，《荷花》和《吊兰》的作者，都把自己写进了文章里。植物自己不会动，把人写进去，文章就容易生动起来。

亮亮：有道理，有道理！我想起来了，去年去中国过春节，我看到姥姥种的水仙花很 impressive。老师，我可以根据记忆中的写吗？

马老师：可以。请注意运用你们学过的关于开头和结尾的知识。Good luck！

思考题：

1、文章开头的作用是什么？开头的基本方法包括有哪两个要点？

2、文章结尾的作用是什么？为什么说"结尾点题很重要"？

3、结尾点题有哪两种？各有什么优点和缺点？

四、赵州桥

中国河北省有一座世界闻名的石拱桥，叫赵州桥。这座桥是隋朝(581—618) 的石匠李春设计的，到现在已经有1300多年了。

赵州桥长50多米，宽9米多，中间走车马，两旁走人。这么长的桥，全部用石头砌成，下面没有桥墩，只有一个拱形的大桥洞，横跨在37米多宽的河面上。

大桥洞顶上的左右两边，各有两个拱形的小桥洞。平时，河水从大桥洞流过；发大水的时候，河水还可以从四个小桥洞流过。这种设计，既减轻了流水对桥身的冲击力，使桥不容易被大水冲坏；又减轻了桥身的重量，节省了石料；也使得大桥更加美观。

赵州桥的桥面两旁有石栏，上面雕刻着不同的图案：有的刻着两条相互缠绕的龙，龙嘴里吐出水花，很好看；有的刻着两条飞龙，前爪相互抵着；还有的刻着双龙戏珠。所有的龙似乎都在游动，真像活的一样。

如果你到中国去，千万别忘了去看看这座古老但依然年轻的大石桥。

词 汇

1赵州桥　2河北省　3世界闻名　4石拱桥　5隋朝　6石匠　7李春　8设计

9全部　10砌成　11桥墩　12拱形　13桥洞　14横跨　15减轻　16冲击力

17重量　18节省　19石料　20美观　21石栏　22雕刻　23图案　24相互缠绕

25前爪　26抵着　27双龙戏珠　28古老　29依然　30年轻

语言和语法

没有疑问词的疑问句

在说英文的时候，不用疑问词也可以问问题，在说中文的时候也是如此。中文里不用疑问词的疑问句有两种，第一种，是在陈述句 (a statement) 后面加上一个"吗"字，再加上问号，比如：

- 陈述句：你是王小明。

  疑问句：你是王小明吗？

- 陈述句：这是他的书包。

  疑问句：这是他的书包吗？

- 陈述句：电视机坏了。

  疑问句：电视机坏了吗？

第二种不用疑问词的疑问句，是给出两个或多个选择 (alternatives) 让被问的人来选，比如：

- 这本书是你的，还是他的？

- 天下雨了，我们还去不去公园？

- 你猜我给你买的笔是红的还是绿的？

- 门开着，是不是有人来过了呢？

常用词复习

next week

• 个　只　群　条　件　双　次　片　位　座　根　颗　棵
句　遍　朵　匹　包　粒　块　头　顶　张　杯　辆

• 啊　呀　吗　吧　呢　啦　天　地　东　南　西　北　东南　东北　西南
西北　中国　加拿大　美国　墨西哥　亚洲　美洲　非洲　欧洲　澳洲

墨欧

最后一课（法国）

那天早晨上学，我去得很晚，心里很怕韩麦尔先生骂我。他说过要问我们分词 (participles) 的用法，可是我连一个字也说不上来。我想，今天就别上学了，干脆 (gān cui) 到野外去玩玩吧。

天气那么暖和，那么晴朗！对，去玩玩吧！

小鸟在树林边婉转地唱歌。草地上，一队德国士兵正在操练。这一切，比分词的用法有趣多了。可是我还是管住了自己，急忙向学校跑去。

当我走过村口的时候，看见许多人站在那里的布告牌 (bulletin board) 前边。最近两年来，我们的一切坏消息都是从那上面传出来的。我也不停步，只在心里想：又出了什么事了？铁匠 (blacksmith) 华希特带着他的徒弟也挤在那里看布告。他看见我跑过，就向我喊："不用着急呀，孩子，反正你再也不会晚到了！"

我想他在拿我开玩笑，就上气不接下气地赶到韩麦尔先生的小院子里。

如果是平常的日子，学校开始上课时，总有一阵喧闹 (chaos)，人们就是在街上也能听到。打开课桌啦，关上课桌啦，大家怕吵，捂 (wǔ) 着耳朵大声背书啦……还有老师拿着大铁戒尺 (tiě jiè chi, an iron ruler) 在桌上敲着："静一点，静一点……"

我本来打算像平常一样，趁着那一阵喧闹，偷偷地溜到我的座位上去。可是那一天，一切偏偏是安安静静的，安静得跟星期日的早晨一样。我从开着的窗子望进去，看见同学们都坐在自己的座位上了。韩麦尔先生呢，正在讲台上走来走去，胳膊底下夹着那怕人的铁戒尺。于是，我只好推开门，当着大家的面走进静悄悄的教室。你们可以想像，我那时脸多么红，心多么慌！

可是，什么可怕的事也没有发生。韩麦尔先生见了我，很温和地说：

"快坐好，小弗朗士，我们就要开始上课了。"

我跨过板凳坐下来，心稍微平静了一点儿。这时候，我才注意到，我们的老师今天穿上了他那件挺漂亮的绿色礼服 (dress suit)，打着皱边的领结 (ruffled bow-tie)，戴着绣边的 (embroidered brim) 小黑丝帽。这套衣帽，平常他只是在节日或者发奖的日子才穿戴的。而且，整个教室里有一种不很平常的严肃气氛。最使我吃惊的，是后边几排一向空着的板凳上坐着好些大人。他们也跟我们一样肃静。其中有郝叟老头，戴着他那顶三角帽。有从前的镇长 (town mayor)，从前的邮递员 (mailman)，还有些别的人。个个人看来都很忧愁。

郝叟还带着一本书边破了的初级读本。他把书翻开，放在膝盖上，书上横放着他那副大眼镜。我的心突突地跳着，不知道发生了什么事情。

韩麦尔先生已经坐上了椅子，像刚才对我说话那样，又柔和又严肃地对我们说："我的孩子们，这是我最后一次给你们上课了。柏林 (Berlin) 已经来了命令，我们学校今后只许教德语了。新老师明天就到。今天是你们最后一堂法语课，我希望你们多多用心学习。

我听了这几句话，心里万分难过。啊，贴在村口布告牌 (bulletin board) 上的，原来就是这么一回事！

这是我最后一堂法语课！

我几乎还不会作文呢！但是，从此我再也不能学法语了！难道就这样算了吗？我从前没好好学习，旷了课 (kuàng kè, to cut class) 去找鸟窝，到河上去溜冰……想起这些，我多么懊恼 (ào nào, to regret)！我的这些课本，法语啦，历史啦，刚才我还觉得那么讨厌，带着又那么重，现在都好像都是我的老朋友，舍不得跟它们分手了。还有韩麦尔先生也一样。他就要离开了，我再也不能看见他了。想起这些，我忘了他曾经给过我的惩罚 (chěng fá, punishment)，也忘了我曾经挨过的戒尺 (ruler)。

哦，可怜的韩麦尔先生！

韩麦尔先生穿上他漂亮的礼服，原来是为了纪念这最后一课！现在我明白了，那些大人为什么会来坐在教室里。这意思好像告诉我，他们也懊悔 (ào huǐ, to regret) 当初没常到学校里来。他们像是要用这种方式，来感谢我们韩麦尔老师四十年来的忠诚服务，来表示对就要失去的国土的敬意。

当我正想着这些的时候，忽然听见老师叫我的名字。轮到我背课文了。天哪，如果我能把那段课文从头到尾背出来，声音响亮，口齿清楚，又没有一点错误，那么任何代价 (dài jià, price) 我都愿意拿出来的。可是，一开头的几个字我就弄糊涂了，我只好摇摇晃晃地站在那里，心里挺难受，连头也不敢抬起来。我听见韩麦尔先生对我说：

"我不责备 (to blame) 你，小弗朗士，我想你自己一定够难受的了。这就是了。大家天天都这么想：'算了吧，时间有的是，明天再学也不迟 (chí)。'现在看看我们的结果吧。唉，总要把学习拖到明天，这正是我们最大的不幸。现在，那些家伙就有理由对我们说了：'怎么？你们还自己说是法国人呢，你们连自己的语言都不会说，也不会写！……'不过，可怜的小弗朗士，这也并不是你一个人的过错，我们大家都有许多地方应该责备 (to blame) 自己呢。

"你们的爸爸妈妈对你们的学习不够关心。……我呢，我当然也有应该责备自己的地方。我不是常常让你们丢下功课来替我浇花吗？我要去钓鱼的时候，不是干脆就放你们一天假吗？……"

接着，韩麦尔先生从这一件事谈到那一件事。最后，他谈到法国语言上来了。他说，法国语言是世界上最美的语言——最明白，最精确 (jīng què, accurate)。他又说，这么好的语言我们一定要把它记在心里，永远别忘记。亡了国的人民，只要牢牢记住他们的语言，就好像拿着一把打开监狱 (jiān yù, prison) 大门的钥匙。说到这里，他就翻开书来讲语法 (grammar)。

真奇怪，今天听讲，我全都懂。韩麦尔先生讲的似乎挺容易，容易极了。我觉得自己从来没有这样细心地听讲过，老师也从来没有像今天这样耐心地讲解过。可怜的韩麦尔先生，好像恨不得把他自己知道的所有的东西，在他离开之前全教给我们，一下子都塞进我们的脑子里去。

语法课完了，我们又上习字课。那一天，韩麦尔先生发给我们新的字帖 (copybook)，帖上都是美丽的圆体字："法兰西 (France)"，"法兰西"。这些字帖挂在我们课桌的铁杆上，就好像许多面小国旗在教室里飘扬。个个人那么专心，教室里那么安静！只听见钢笔在纸上沙沙地响。有时候一些金甲虫飞进教室，但是谁都不注意，连最小的孩子也不分心。他们都在专心地画那些线条，好像那也算是法国字。屋顶上，鸽子 (gē zi, pigeons) 咕咕咕地低声叫着。我心想："德国人该不会强迫 (qiáng pò, to force) 这些鸽子也用德国话唱歌吧！"

我每次抬起头来，总看见韩麦尔先生坐在椅子上，一动也不动。他瞪着眼看着周围的东西，好像要把这小教室里的东西都装在眼睛里带走似的。想想看吧：四十年来，他一直在这里。窗外是他的小院子，面前是他的学生。用了多年的课桌和椅子，擦得都发亮光了，磨损了。院子里的桃树长高了。他亲手栽的紫藤 (purple vine)，如今也绕着窗口一直爬到屋顶了。可怜的韩麦尔先生啊，现在他就要跟这一切分手了，叫他怎么不伤心呢？何况我们又听见他的妹妹在楼上走来走去收拾行李！——他们明天就要永远离开这个地方了。

可是，韩麦尔先生有足够的勇气把今天的功课坚持到底。习字课完了，他又教了一堂历史。接着又教初级班拼他们的 ba, be, bi, bo, bu。在教室后排座位上，郝叟老头儿已经戴上了眼镜，两手捧着他那本初级读本，跟初级班的学生们一起拼这些字母。也许因为他感情激动，连声音都发抖了。听到他古怪的声音，我们既想笑，又难过。啊！这最后一课，我真的永远也忘不了！

忽然，教堂的钟敲了十二下。祈祷 (qí dǎo, pray) 的钟声也响了。窗外又传来德国士兵的号声 (fanfare)——他们已经收操了。

于是，<u>韩麦尔</u>先生站了起来，他脸色惨 (cǎn) 白。我从来没有觉得他这么高大。

"朋友们，"他说，"我——我——"

但是<u>韩麦尔</u>先生哽住了，他说不下去了。

<u>韩麦尔</u>先生转身朝着黑板，拿起了一支粉笔，好像使出了全身的力量，他写了几个大字：

"法兰西万岁！"

写完以后，他呆在那儿，头靠着墙壁，一句话也不说，只向我们做了一个手势，意思是："放学了——大家可以走了。"

我的小天地*

1　一进我家的大门，向左拐（guǎ）有一个小房间。别人一看，就会说这是个小厨房，不！那就是我的小天地。

2　如果说这间房间有什么特别，那就是几乎窄（zhǎi）得只能并排放三辆自行车，再也没法容得下第四辆。就是这样窄的房间，却被我布置得十分漂亮。

3　你瞧，叠得很整齐的被子放在床头边，紧挨窗户有一块被我擦得发亮的木板。这就是我的"小书桌"。"书桌"上放着几本经常用的书和一些本子。

4　别人的书桌上大概放着既美观又精致的台灯吧？而我的"台灯"却是一个装在墙上的灯泡。每当夜幕降临，我的"小台灯"就发出光芒。我在这间小房子里，在小电灯下，做完了作业，画了有趣的画，做着精致的手工。

5　小窗的右边挂着我早晨练武术时用的刀和剑。我一有空就拿起这些"武器"在手里摆弄。有时练得得意，竟忘了这是在我的小房间里。有一次，正当我玩得高兴时，"嚓"的一声手中的刀把我的"小书桌"砍伤了一个角，妈妈听了急忙过来问："怎么了？……"我吓了一跳，伸了伸舌头给妈妈扮了个鬼脸。

6　我在小窗左边挂了几幅水彩画，虽然没有画家画得那么好，但是是经过我仔细画的。有时我心里不愉快，但抬头看看这些画时，心里就好像安慰了许多。……

7　在这个小天地里，我学会了怎样料理自己的生活，也看了许多书。在这小房子里我还学会了画画，复习和巩固了我学过的知识。我的"天地"虽小，但是我喜欢它。

---

* 作者张刚，是一个中国小学生。

中间部分篇幅大　层次分明来表达

马老师：前些天我看了你们写的作文，开头和结尾写得很不错！特别让我高兴的是，你们的开头和结尾都写得比较简短。

小丽：　开头和结尾当然是应该简短的，因为一篇文章的主要部分是中间嘛，中间就不能写得简短了，对吗？

马老师：对！今天我们就来说说中间部分。一篇文章的开头、中间和结尾三个部分合在一起，叫做文章的"正文"部分。请看下面的图，告诉我你们注意到了什么？

A 图	B 图	C 图
开头	开头	开头
中间	中间	中间
结尾	结尾	结尾

亮亮：　我觉得这三张图说的都是文章正文部分的结构 (jié gòu, structure)，只是它们的中间部分一个比一个复杂。A 图最简单，中间部分只有一大块，或许是一个大的 paragraph。B 图比较复杂，中间部分分成三小块。或许是三个 paragraph。C 图最复杂，中间部分分成三小块，其中的一个小块，又分成三个更小的小块。

小丽：　我同意亮亮的说法。在我看来，对于我们五年级的学生来说，A 图这样的结构 (jié gòu, structure)，中间部分只有一个小节，好像太简单了些。我们应该学习 B 和 C 那样的结构。

马老师：我同意你们两个的说法。刚才亮亮说的"一小块"、"更小的一块"，我们把它们叫做"层次 (céng cì)"。我们今天主要要讨论的，就是文章中间部分的层次。你们知道"层次"是什么意思吗？

小丽：　我知道"层 (céng)"就是 layers。可是，"次"是什么呢？

马老师："次"就是次序 (cì xù)，order。

亮亮：　我懂了。您今天要跟我们说的，就是怎样一层一层、有次序 (cì xù, order) 地把中间部分写好。

马老师：正是。你们已经知道，中间部分要说的话最多，如果不把它们组织 (zǔ zhī, organize) 好，就不能很好地把主题表达 (biǎo dá) 出来。而这个组织，就是通过"层次"的安排来完成的。

给你们几分钟时间，能不能从课本中找出一篇文章，它的中间部分是按照 B 图的结构来组织的。

（小丽和亮亮翻看课本）

亮亮：　我找到了！第二课《金鱼》的中间部分，就是按照 B 图的层次来组织的：

　　　　1. "我"和金鱼游戏（三句话，写得较详细, xiáng xì）。

　　　　2. 早晨"我"看金鱼起床（七句话，写得最详细）。

　　　　3. 晚上"我"和金鱼告别（只有一句话，写得简略, jiǎn lüè）。

马老师：你分析 (fēn xī, analyze) 得很好！尤其是，你不但说出了《金鱼》的中间部分分成几个层次，而且你还指出哪一层写得比较详细，哪一层写得比较简略。这也是很重要的。你们刚才看课本的时候，有没有注意到哪篇文章的中间部分，是 C 图那样的结构呢？

小丽：　我觉得《荷花》就是 C 图那样的结构：

　　　　1. 荷花的外形（写得比较详细）。

　　　　　a. 近看荷花（荷叶一句话，荷花三句话）。

　　　　　b. 远看荷花（三句）。

　　　　2. "我"体会荷花（七句话，写得比较详细）。

马老师：对，虽然 C 图中间部分有三大层，而《荷花》中间部分只有两大层，但是它们的结构却是一样的，都是一个大层中有几个小层(sub-layers)。你们再看看，我们最近学的《赵州桥》中间部分的结构是怎么样的呢？

亮亮：　《赵州桥》中间也是 B 图的结构，分成三层：

　　　　1. 大桥概貌(general view，比较简略)。

　　　　2. 拱形的小桥洞（比较详细）。

　　　　3. 桥面石栏和石栏上雕刻的龙的图案（比较详细）。

小丽：　我也是这么分的。可是，马老师您不是说，中间部分是通过"层次"，layers and order 来组织的吗？我们刚才讨论的都是"层"—— layers，还没有说到"次"—— order。我想知道"次"是怎么一回事？"层"和"次"又怎样 work together，成为"层次"的呢？

马老师：你的问题问得非常好。你们来看一看，《赵州桥》这一课中间部分的三层意思，哪一层先讲，哪一层后讲，有没有一个次序？

（亮亮和小丽仔细看课文）

小丽：我看出来了！作者是从远讲到近，从概括 (gài kuò, general) 讲到具体 (jù tǐ, specific)。第一层最远、最概括，写大桥的全貌 (mào) 和基本情况 (basic information)。第二层，写大桥洞顶上左右两边的四个拱形小桥洞，好像带我们向大桥走近了一点。

第三层，写桥面两旁石栏上雕刻的龙，那就走得更近，看得更仔细了。

马老师：你说得很好。这就是次序，这就是 order。

亮亮：　你们看，《金鱼》的中间部分好像是从近写到远的，我说的是 psychological 的 order。作者先写他最喜欢做的事——每天放学回家逗 (dòu) 金鱼玩，再写早上看金鱼"起床"，到最后写晚上和金鱼说"晚安"。

马老师：后面两小节，他先写早上，再写晚上，是按照时间的顺序。按照时间的顺序安排内容，也是许多作者常用的一个方法。

小丽：　我觉得，即使在同一个小节里，先写什么，再写什么，也是有次序的。比方说，《我的"小花鹿"》中间部分的第一小节描写"小花鹿"的外型，那就是从上写到下的：

　　……圆圆的脑袋上，一对粉红色的小耳朵向上竖着，好像在倾听周围的动静。那两只明亮的眼睛里，圆溜溜的黑眼珠还真有神呢！它的小嘴微微地撅着，好像是要跟我说话。"小花鹿"的身体是橘黄的，上面有红色的花纹。一条又小又短的尾巴向上翘着，一副调皮的样子。

马老师：要把复杂的内容组织好，首先要把大块的内容分成小块，这就是"层"。而"层"的表达，还要有一定的次序。中文里叫作"层次分明"、"有条有理"。这个"理"，也可以说是"层次"后面的reason。你们说，一篇文章，"层次"后面的reason，应该是什么呢？

亮亮：　那就是要把文章的主题更好地表达出来！

马老师：说得好！那么，这次回家你们写作文《我的小天地》，就不但要注意开头和结尾，也要注意中间部分的层次分明，行不行？

亮亮和小丽：行！

马老师：我们还是"先易后难"，先练习最基本的。我建议你们试试B图的结构。如果觉得B图太难呢，可以用A图的结构。但是，就像刚才小丽指出的，即使在一个小节里，还是要有次序。如果有人想试试C图的结构，我当然也不反对！

小丽：　好，您就看我们的吧！

思考题：

1、一篇文章的正文是由哪三个部分组成的？它们各有什么作用？

2、文章结尾的作用是什么？为什么说"结尾点题很重要"？

3、结尾点题有哪两种？各有什么优点和缺点？

马立平课程

中　文

六　年　级

第三单元（作文教学：过程描写）

编写　马立平

审定　庄　因

插图　邬美珍

一、海上日出*

为了看日出我常常早起。那时天还没有大亮，周围很静，只听见船里机器的声音。

天空还是一片浅蓝，很浅很浅的。转眼间，天水相接的地方出现了一道红霞。红霞慢慢扩大，越来越亮。我知道太阳就要从天边升起来了，便目不转睛地望着那里。

果然，过了一会儿，那里出现了太阳的小半边脸，红是红得很，却没有亮光。太阳像负着什么重担似的，慢慢儿，一级一级地，使劲儿往上升。到了最后，它终于冲破了云霞，完全跳出了海面，颜色真红得可爱。一刹那间，这深红色的圆东西发出夺目的亮光，射得人眼睛发疼。它旁边的云也突然有了光彩。

有时候太阳躲进云里。阳光透过云缝直射到水面上，很难分辨出哪里是水，哪里是天，只看见一片灿烂的亮光。

有时候天边有黑云，而且云片很厚，太阳升起来，人就不能够看见。然而太阳在黑云背后放射它的光芒，给黑云镶了一道光亮的金边。后来，太阳慢慢透出重围，出现在天空，把一片片云染成了紫色或者红色。这时候，不仅是太阳、云和海水，连我自己也成了光亮的了。

这不是伟大的奇观么？

---

* 作者巴金(1904 — 2005)，中国著名作家，他的著名作品有《家》、《春》、《秋》等。本文写于1927年。

词 汇

1 日出　2 周围　3 静　4 机器　5 浅　6 转眼间　7 天水相接　8 红霞　9 扩大

10 升起来　11 目不转睛　12 负　13 重担　14 一纵　15 使劲儿　16 终于

17 冲破　18 云霞　19 完全　20 颜色　21 一刹那间　22 深红　23 夺目　24 射

25 光彩　26 透过　27 云缝　28 分辨　29 灿烂　30 厚　31 放射　32 光芒　33 镶

34 重围　35 染　36 紫色　37 不仅　38 奇观

语言和语法

一、中文和英文里的动词 (verb) 形态不一样，英文的动词有各种时态 (tense)、语态 (voice)、和语气 (mood)，而中文里动词只有一种形态。以下是和英文动词的不同时态、语态、和语气相应的中文表达方法：

时态 (tense)：

英文里动词主要的时态有五种：过去时 (the past tense)、现在时 (the present tense)、将来时 (the future tense)、进行时 (the continuous tense)、和完成时 (the perfect tense)。和这五种时态相应的中文表达方法如下：

Verb tense (for English)	English examples	Chinese expressions
过去时 (the past tense)	I went to Beijing before. I went to Beijing last month.	**＋过 / 了** 我从前去**过**北京。 上个月我去**了**北京。
现在时 (the present tense)	I go to school everyday.	我每天去学校。
将来时 (the future tense)	The train will come soon. I am going to call him.	**＋要 / 就 / 就要 / 快要…了 / 将 / 将要** 火车**要**来了。 火车**就要**来了。 你等着，我**就**来！ 这本书我**快要**看完了。 明年爸爸**将**去中国工作。 他哥哥**将要**大学毕业了。
进行时 (the continuous tense)	I am watching TV. I am not watching TV.	**＋正在（……着）/ 着** 我**正在**看电视。 我**不在**看电视。
完成时 (the perfect tense)	I have had my lunch.	**＋已经……过……了** 我**已经**吃**过**午饭了。

语态 (voice)：

英文里动词的语态有两种：主动语态 (active voice) 和被动语态 (passive voice)。和这两种语态 (voice) 相应的中文表达方法如下：

Verb voice (for English)	English examples	Chinese expressions
主动语态 (active voice)	He took the books away.	他拿走了书。
被动语态 (passive voice)	The books were taken away by him.	**＋被** 书被他拿走了。

语气 (mood)：

英文里动词的语气有三种：陈述语态 (the indicative mood)，命令语态 (the imperative mood) 和虚拟语态 (the subjuntive mood)。这三种语气 (mood) 相应的中文表达方法如下：

Verb mood (for English)	English examples	Chinese expressions
陈述语态 (the indicative mood)	This is my book.	这是我的书。
命令语态 (the imperative mood)	Sit down please!	请坐！
虚拟语态 (the subjuntive mood)	We would not have come if it had rained yesterday.	**＋要是 / 如果 / 假如** 昨天要是下雨，我们就不会来了。

二、有感情地朗读课文。思考日出前、日出时、日出后的光和色是怎样变化的，从课文中找出有关的语句读一读。"这不是伟大的奇观么？"这句话在课文中起了什么作用？

三、读下面的句子，说说它们各描写了什么情景。

1. 太阳像负着什么重担似的，慢慢儿，一纵一纵地，使劲儿向上升。

2. 阳光透过云缝直射到水面上，很难分辨出哪里是水，哪里是天，只看见一片灿烂的亮光。

3. 太阳慢慢透出重围，出现在天空，把一片片云染成了紫色或者红色。

常用词复习

- 时间 时候 时代 过去 现在 将来 开始 后来 最后 昨天 今天 明天 后天 去年 今年 明年 后年 早晨 上午 中午 下午 傍晚 晚上 夜晚 半夜

- 永远 经常 常常 往往 从来 从此 以后 已经 古代 古时候 现代 早 晚 太早 太晚 一会儿 很久 不久 你好 早上好 早安 晚安 再见 明天见 一会儿见

劳动的开端*（中国）

记得我12岁那年，家里穷得揭 (jiē, to lift up) 不开锅 (guō)。看着一家人挨饿，我心里像油煎 (jiān, to fry) 一样。

我的家住在一个煤矿 (méi kuàng, coal mine) 附近，煤矿的四面是高山。

那时候，把煤 (méi, coal) 从山里运到外地去，得靠人工一担一担地把煤从煤矿挑到车站。我看见比我大点儿的穷孩子都去挑煤，就也打算靠自己的力气去挣几个小钱。

从小和我在一起玩的小赵也在挑煤，我就叫他带我一起去。小赵歪着脑袋，把我左看右看，笑着说：

"得了吧！你也挑得动煤？像个瘦猴子，不要让扁担把你压扁了！"

"我的力气大得很，不信咱们俩比赛摔跤 (shuāi jiāo, wrestling) 试试！"

"我不跟你摔跤，你要去就去吧，明天早点儿起来！"

要去挑煤半夜就得动身。我家没有灯笼 (dēng lóng, lantern)，也没有火把。我跑到煤矿里找了些用过的棉纱 (mián shā)，在机器上擦点机油，绑在一根木棍上，准备半夜点着照路。

母亲知道我要去挑煤，心里当然舍不得。可是她也不愿意眼看着孩子们受饿。她半夜起来，不声不响地送我到门口。我跟着小赵，匆匆忙忙走了。

我们爬过几座山，穿过几片树林，赶到挑煤的地方。谁知我们来得太早了，还没有一个人影。煤矿的门关得紧紧的，里面也没有灯光，人们都在睡觉呢。

---

* 故事发生在二十世纪三十年代中国南部萍乡煤矿。

屋檐底下有两张方桌，是煤矿里的人记帐 (jì zhàng, to keep accounts) 用的。我看天还没亮，就爬上桌去躺着，一闭眼就睡着了。睡得正熟，我忽然摔了下来，摔得浑身疼痛。坐在地上一看，原来桌子被人抽掉了，是煤矿的人来上班了。我爬起来揉揉胳膊，心想，出门做工真是不容易。

秤 (chēn, to weigh) 煤的时候，我很想多挑一些，试了试，挑不动，又去掉一点。

秤煤的人不耐烦地说："你要是不挑就算了，别找麻烦！"

我一赌 (dǔ) 气，挑起来就走。

我挑着煤赶路，一开头还跟得上人家，可是走了不到一公里，就渐渐落在后头了。扁担把肩膀压得生疼，担子从左肩换到右肩，又从右肩移到左肩。换来移去，两个肩膀都吃不住劲了，就只好停下来歇一歇。

没想到挑着东西走路，越歇就越想歇，越歇就越觉得担子重。不一会儿还要爬山。这山原来没有路，我们走的小路是挑煤的人踩出来的。那些人踩出来的小路滑极了，一步三滑，肩上的煤筐来回晃荡，像是在打秋千。

爬上山头，已经是中午了。我解开衣服一看，肩也肿了，皮也破了。

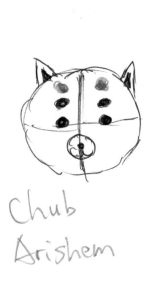

我鼓足了勇气，仍旧挑着煤筐往前走。一不小心，脚底下被石头一绊，一个跟头摔倒在半山腰。我的胳膊和腿擦破了好几道口子，煤撒 (sǎ) 了一地。

太阳下山了，别的挑煤的人大概都早已到车站了，只剩下我一个人留在山上，离火车站还有二三公里路。就是我最后挑到了火车站，收煤的地方也关门了。我怎么办呢？

红肿的肩头像热水烫过一样疼，腿上的伤口不住地流血，我只好挑着两只空筐回到家里。

一进门，我一头倒在床上，一动也不想动，饥饿和疲劳把我压倒了。

母亲走过来轻轻地问道："孩子，你怎么啦？"我说："煤没挑到火车站，都扔在半山腰了。"母亲含着眼泪，给我打来洗脚水。

我怕母亲见了我的伤口又要难过，不肯下地洗脚。

我对母亲说："妈妈，不要紧，我明天再去挑。"

母亲问我："你吃过饭了吗？"

我回答："我不饿。"

第二天一早，我喝了碗野菜粥 (zhōu, porridge)，又翻过高山去挑煤。扁担一压上红肿的肩头，头上就直冒冷汗。我想应该趁力气还没有用尽的时候，先多赶几步路。所以，我就咬紧了牙，两脚不停，一直把一担煤挑到了火车站。

从此，我走上了艰难的生活道路。

雨*

星期天的下午，我坐在窗前做作业。忽然天色暗了下来，刮起一阵狂风，要下雨了。我赶快关紧了窗户。屋里显得特别闷热。

一会儿，粗大的雨点落下来了，打在玻璃窗上叭叭直响。雨越下越大。我透过玻璃窗向外望去，天地间像挂着一片无比宽大的珠帘，白蒙蒙的一片。雨落在对面屋顶的瓦片 (wǎ piàn, tiles) 上，溅起一朵朵水花，像一层薄烟笼罩在屋顶上。雨水顺着房檐流下来，开始像断了线的珠子，渐渐地连成了一条线。地上的水越来越多，汇合成一条条小溪。

真是一场及时雨啊！大田里的玉米苗一定会咕咚咕咚喝个痛快。我仿佛看到雨水流进了地里，流进了果园里，也流进了人们的心窝里。

云散了。雨停了，太阳照亮了大地。我推开窗户，一股泥土的清香迎面扑来。空气像滤过似的，格外清新。窗外的杨树、柳树，经过雨水的冲洗，舒枝展叶，绿得发亮，美丽极了。

---

* 作者是一位中国小学生。

雨的降临[*]

滴滴嗒，滴滴嗒……

终于下雨啦！我和弟弟靠着窗台，看着从天上落下的小水滴。这些小雨点像一颗一颗的小珍珠似的一一落下，融入了土地，融入了大树，融入了这个世界。雨点落在干裂的泥土上，落在枯黄的小草上，落在盖满灰尘的马路上，一下子使周围显得更鲜更亮。

慢慢地，雨点越下越多，越下越密。不一会儿，那些珍珠就变成了一条条丝线，轻轻地落在地上。没过多久，轻柔的雨水就把一个夏天的尘土和干燥都洗去了。

雨的声音非常好听。初听好像是一片沙沙声。但是仔细听的话，你会听出雨落在草地上的是唰唰的声音，而落在木头围栏上的雨滴，发出的是一种"哆哆"的声音。这些声音和其他的声音混和在一起，奏出了一曲美妙的音乐。这首曲子非常宁静、安祥，却又带着许多变化。你可以从曲子中听出风向在不断地变化和雨水的时重时轻。

整整一天，雨都这样慢慢地下着。这雨不像雷阵雨那么可怕，没有那么急。它缓缓地、慢条斯理地下了一天。有时它还会停上半个小时，再又开始下。

你可别小看了这场雨，它一直下到第二天早上才真正停下来。一开始是雨点越来越少，慢慢地连那细细的毛毛雨也没有了。天上的灰云散去了，天空也就回到了原来的浅蓝。

可是好景不长，等到我早上出门的时候，天空又被另一片灰云遮盖了，而昨天晚上的雨也将马路和草地变成了一汪泥水。

雨，真是莫测多变啊。它既带来了美丽的颜色和美妙的音乐，又带来了泥水和破坏。它有时会带来美丽的彩虹，有时也会带来恐怖的台风。

我真是不懂得雨。

---

[*] 作者夏苏舒，女，六岁时来美国，写这篇习作时是九年级学生。她写的是旧金山湾区秋天雨季的来临。

要把文章写具体　看想写改样样细

马老师：今天我们上第三单元的第一次作文课。怎么样，学第二单元的时候写了四篇作文，很辛苦吧？

亮亮：　辛苦是辛苦些，可是看着这四篇我亲手写出来的中文作文，我还是觉得挺有收获的。

小丽：　是啊，越是难做的事，如果做成了，越让人觉得高兴！写的时候虽然辛苦，可是咬咬牙，也就过去啦！听说我们写的作文，将来还会出成一本书送给我们，是吗？

马老师：是的。到第四学期结束的时候，学校会把你们写的文章放在一本书里，印出来送给你们，上面还要放上你们每个人的照片呢！

亮亮：　太棒了！到时候，我要寄一本到中国送给我的奶奶，让她老人家高兴高兴！

马老师：将来还可以放到互联网上去，让更多的人看到你们的作文呢！可是现在我要想知道的是，我上学期给你们讲的有关作文的知识，都还记得吗？

亮亮：　记得！特别是每一讲的题目，压韵 (yā yùn, rhyme) 的，特别好记！

马老师：真的？能不能说给老师听听呢？

小丽：　我记得第一讲讲的是文章的五个主要组成部分，那分别是：题目、主题、开头、中间、和结尾。您第一讲的题目是：主题好比是目标，想好目标再起跑。

马老师：既然讲的是文章的五个组成部分，那题目里怎么只说到"主题"这一个组成部分呢？

小丽：　因为主题是最重要的，像一篇文章的灵魂。一篇文章如果没有主题，就等于白白写了。

亮亮：　老师您还说过，如果动笔以前没想好一个自己喜欢的主题，那就像要去一个自己不想去的地方，写起来也是没劲的！

马老师：那么，想好了主题，有了要去的目标，再怎么做呢？

小丽：　您给我们讲了怎样开头——"读者就像是客人，开头好比是开门"；怎样结尾——"结尾点题很重要，'直接'容易'间接'妙"。还讲了写中间部分要注意什么——"中间部分篇幅大，层次分明来表达"。

亮亮：　听我的：第一讲，主题好比是目标，想好目标再起跑；第二讲，读者就像是客人，开头好比是开门；第三讲，结尾点题很重要，"直接"容易"间接"妙；第四讲，中间部分篇幅大，层次分明来表达！

小丽： 老师，正如您说的，这些写作文的知识，不仅帮助了我写中文的作文，对我写英文作文也很有用呢！今天您会跟我们讲些什么呢？

马老师： （微笑着）今天呢，不，应该说，整整这个学期，我们只讲一个字——"细"。

亮亮： （疑惑地）"细"？"slender"？整整一个学期只讲这一个字？

马老师： 对，整整一个学期我们都 work on 这个"细"字，可是，这个"细"字不是"slender"，而是 detailed, elaborate, and delicate！你们在刚学过的文章里找找，看有什么地方是 detailed, elaborate, and delicate 的？好不好？

小丽： 我觉得《海上日出》、《雨》和《雨的降临》都符合！你们听："天空还是一片浅蓝，很浅很浅的。转眼间，天水相接的地方出现了一道红霞，红霞慢慢扩大，越来越亮。""有时候天边有黑云，而且云片很厚，太阳升起来，人就不能看见。然而太阳在黑云后面放射它的光芒，给黑云镶了一条光亮的金边。后来，太阳慢慢透出重围，出现在天空，把一片片云染成了紫色或者红色。这时候，不仅是太阳、云和海水，连我自己也成了光亮的了。"

亮亮： 我也很喜欢《雨的降临》里对雨的声音的描写："雨的声音非常好听。初听好像是一片沙沙声。但是仔细听的话，你就会听出雨落在草地上的是"唰唰"的声音。而落在木头围栏上的雨滴，发出的是一种"哆哆"的声音。这些声音和其它的声音混合在一起，奏出了一曲美妙的音乐。这首曲子非常宁静、安祥，却又带着许多变化。你可以从曲子中听出风向在不断地变化和雨水的时重时轻。"

我们当然都喜欢读 detailed, elaborate, and delicate 的文章，可是，怎样能让自己的文章也做到这些呢？

马老师： 要让你们自己的文章做到 detailed, elaborate, and delicate，要从"细"字的方面——careful 做起。这包括四个方面：第一，细看 (carefully observe)。细看就是要对所写的内容进行仔细的观察，看仔细，看明白。如果写"海上日出"和"雨的降临"的作者没有对日出和雨的仔细观察，怎么能写得那么detailed, elaborate, 和 delicate 呢？对不对？

亮亮： 是的，那么第二方面是什么呢？

马老师： 第二，是细想 (carefully think)。细想指的是，不要忙着动笔，动笔写以前多动动脑子，把观察到的原材料 (raw materials) 仔细地"消化 (xiāo huà, to digest)"一下，用哪些材料？去掉哪些材料？哪些材料先写，哪些材料后写？哪些材料放中间？怎样才能突出主题？怎样才能使文章具体？多问几个"什么"和"为什么"。

小丽： 老师，我猜"细想"以后，大概就要"细写"了吧？

马老师：对。第三，细写(carefully write)。细写指的是一句一句地叙述 (xù shù, to state) 和描写 (miáo xiě, to describe)。不用着急，写清楚了一层意思，再写另一层意思。应该写的，要写得尽量明白、清楚；而不应该写的，不要硬写。这是"细"字中的重点。有不少同学往往是刚开个头，就草草结尾，那是不行的。

亮亮： 这三个细：细看、细想、细写，都 make sense。可是写完了，难道还有另一个"细"？

马老师：当然有啊，写完了还要改呢。所以第四是细改 (carefully edit/revise)。

小丽： 我爸爸也对我说过改文章很重要，他常对我说："文章是写出来的，好文章是改出来的。"

亮亮： 唉，好不容易写完了，还得改，那不是"画蛇添足"，多此一举吗？

马老师：这样吧，"细改"的问题我们留到下一次再说。今天回去写作文，题目是一种自然现象发生、发展的整个过程，你们试试先做到细看、细想、细写，可以吗？

亮亮： 行！自然现象有很多：刮风、下雨、出彩虹、日出、日落、月亮、星星……都可以写吗？

马老师：当然都可以写。但是要记住，第一，要选你们喜欢的 theme 来写，选你们觉得最 touching、最有兴趣的写，这样才能写好。第二，要把一个过程写细致、写完整，要注意把时间的 dimension 表达出来。上一册书里我们学习写各种东西、动物、植物和地方，主要是学习从空间来描写。这学期要加上一个 dimension，学习表达时间的过程，明白吗？

小丽： 明白。我想写去年暑假我在太平洋海滩 (tān) 上看到的日落，可是这星期里我不会有机会再去细看，那怎么办呢？

马老师：既然你对那次看日落的印象很深，那说明你当时应该是看得很仔细的。你这次就注重"细想"和"细写"，怎么样？

小丽： 好！谢谢！

思考题：

1、合上课本，说出写文章要注意哪四"细"。

2、在上学期写的四篇作文里选出两篇，对照四"细"，看看它们在哪些地方做得好，哪些地方做得不够。

二、火烧云*

开头

晚饭过后，火烧云上来了。霞光照得小孩子的脸红红的。大白狗变成金的了。红公鸡变成黑的了。黑母鸡变成紫的了。喂猪的老头儿看着他的两头小白猪变成小金猪了，他刚想说："你们也变了……"旁边走来个人对他说："哟，您老人家是金胡子了！"

天空的云从西边一直烧到东边，红彤彤的，好像是天空着了火。火烧云颜色变化极多，一会儿红彤彤的，一会儿金灿灿的，一会儿半紫半黄，一会儿半灰半白。好像各种颜色天空中都有，还有些说也说不出来、见也没见过的颜色。

一会儿，天空出现了一匹马，马头向南，马尾向西。马是跪着的，像是在等着有人骑到它背上，它才愿意站起来似的。又过了两三秒钟，那匹马变大了，马腿伸开了，马脖子也长了，一条马尾巴却不见了。看云的人正在寻找马尾巴，但那匹马已经变模糊了。

忽然又像来了一条大狗。它在前边跑着，后边似乎还跟着好几条小狗。跑着跑着，小狗不知跑到哪里去了，大狗也不见了！

接着又好像来了一头大狮子，跟庙门前的大石头狮子一模一样，也是那么大，也是那么静静地蹲着。可是，一转眼就变了。要想再看看那头大狮子，却怎么也看不到了。

一时恍恍惚惚的，天空里一会儿像这个，一会儿又像那个，其实什么也不像，因为什么也看不清了。人必须低下头，揉揉眼睛，过一会儿再看。可是，天空偏偏不等待那些爱看它的孩子。一会儿工夫，火烧云就退下去了。

---

* 作者肖红（1911—1942），中国著名女作家。《火烧云》摘自她1940年出版的长篇小说《呼兰河传》。

词 汇

1 火烧云 (shāo)　　2 霞光 (xiá)　　3 照得 (zhào)　　4 喂猪 (wèi zhū)　　5 金胡子 (jīng hú)　　6 红彤彤 (tóng)　　7 变化 (biàn huà)　　8 极多 (jí)

9 金灿灿 (càn)　　10 半紫半黄 (zǐ)　　11 半灰半白 (huī)　　12 各种 (gè)　　13 一匹马　　14 跪着 (guì)　　15 骑 (qí)

16 似的 (shì)　　17 两三秒钟 (miǎo)　　18 伸开 (shēn)　　19 脖子 (bó)　　20 寻找 (qún)　　21 模糊 (mó hú)　　22 大狮子 (shī)

23 庙门前 (miào jīng)　　24 一模一样　　25 静静地 (jìng)　　26 蹲着 (dūn)　　27 恍恍惚惚 (huǎng hū)　　28 其实 (qí shí)　　29 必须 (bì xū)

30 揉揉 (róu)　　31 偏偏 (piān)　　32 等待 (dài)　　33 工夫 (fū)　　34 退下去 (tuì)

语言和语法

一、中文里的"是"字的意思和英文里的"to be"很像，但是用法不完全一样：

"是"字的省略

在英文里，每句句子必须有动词，可是在中文里就不一定了。比如，和英文"to be"相对应的"是"字，在中文句子中常常省略：

He is happy.　　他很高兴。

This car is fast and stable.　　这车又快又稳。

The camel is tall and the sheep is short.　　骆驼很高，羊很矮。

How are you？　I am fine, thanks.　　你好吗？我很好，谢谢。

"是……的"句型

在中文里，这个句型很常用：

He came to visit me.　　他**是**来看我**的**。

Her backpack is red.　　她的书包**是**红**的**。

I guess this dish was made by your mother.　　我猜想这菜**是**你妈妈做**的**。

When did you come？　　你**是**什么时候来**的**？

Where did you find her？　　你**是**在哪里找到她**的**？

二、中文里表示时间的词：

一会儿 不一会儿 一转眼 一眨眼 一刹间 刹那间 立刻 马上 久 天长地久

三、朗读课文，然后回答问题：

1. (1)什么样的云叫火烧云？

(2)火烧云从上来到下去，有哪些变化？ shape & color

(3)从什么地方可以看出火烧云变化多，变化快？

2.本文可以分几段？你是根据什么来分的？

3. 读下面的句子，联系课文，回答句子后面的问题。

(1)大白狗变成红的了，红公鸡变成金的了。黑母鸡变成紫的了。

（它们的颜色为什么都变了？而且为什么变得不一样？）

(2)天空的云从西边一直烧到东边，红彤彤的，好像是天空着了火。

（"烧"在句子中是什么意思？你能用其他更合适的词代替吗？）

(3)一时恍恍惚惚的，天空里又像这个，又像那个，其实什么也不像，什么也看不清了。

（"恍恍惚惚"是什么意思？为什么会"恍恍惚惚"的？）

常用词复习

• 算 数 全 第一 一点 一些 有些 屋子 房子 门 窗 桌子
椅子 床 大自然 风 云 雨 雪 冰 春 夏 秋 冬

• 说话 讲话 讲故事 问 问好 问问题 回答 答应 同意 反对 告诉 听
听说 看 看见 请 请客 送 送客 客人 新年好 圣诞快乐 祝你健康

我成了小气鬼（日本）

我是一个小学三年级的学生。

从今年四月起，我每天早上五点三十分起床，给订户送牛奶。我怎么会送起牛奶来的呢？

事情是这样的：有一天，我和弟弟一起对爸爸说："爸爸，我们的朋友都有零花钱。我们每个月也想要点零花钱。您给我们好吗？"

"要多少？"

"我要一千日元*，弟弟要五百日元。"

"要一千日元做什么啊？"

"买个冰激凌 (bing ji ling, ice cream) 就要一百元左右，买瓶果子汁 (fruit juice) 也要一百元左右。一千元一会儿就花完了。"

妈妈在一旁听着，她说："既然你们这么想要钱，那么就干点活吧！干了活我们才能给你们钱。"

妈妈话一说完，爸爸就接着说："是啊，你们俩去送牛奶怎么样？送一瓶牛奶我给十元，一天送五瓶的话，一个月就是一千五百元。先干一个月试试吧！但是，要是装着牛奶的瓶子碎 (sui) 了，一瓶可要扣 (kòu) 去五十元；要是一个空瓶子碎了，要扣十元。另外，瓶子碎了，你们还必须把碎玻璃捡起来，就那么留在地上是很危险的。"

听了爸爸的话，弟弟迫不及待地说："我干，我从明天起就开始干！"

我本想和弟弟商量商量的，现在也无法商量了。他说要干，我也只好干，想要零花钱只能这么办了。

早上天好的时候，我们干得可带劲了。可是如果早上下雨，穿着雨衣送牛奶可就不好受了。

---

* 大约一百多日元等于一美元。

一个下雨天，我想把酸奶酪 (suān nǎi lào, yogurt) 放进箱子里，一不小心掉了下来，瓶子碎了，奶酪也撒了一地。我一面拣碎玻璃一面想：今天可要赔 (péi) 了，真不合算。那一天，弟弟哭着回家，手上还流着血。他的自行车翻了，摔碎了两瓶苹果汁，捡碎玻璃的时候，不小心又划破了手。我用纱布给弟弟包扎了一下，安慰他说："下雨天，真没办法。你别哭了，今天哥哥也赔了。"

"哥哥，这个月我要扣掉一百多元哩！"

那个月我扣掉了一百十二元钱，拿到了一千三百八十元，弟弟扣了一百七十元钱，拿到了一千三百三十元。第一次拿到这么多的钱，我高兴得不得了。我买了两本书，买了些卡片，买了点冰激凌……，仅仅十天的工夫，我赚 (zhuàn) 的钱就全花完了。

爸爸、妈妈明明知道我已经没有零花钱了，却故意装作不知道。剩下的二十天怎么过呢？果子汁、冰激凌都没法子买了，我只好忍受着没有零花钱的痛苦。

下一个月我想不干了，可是这要怎么对爸爸说呢？爸爸、妈妈半夜里一点钟就要起来送牛奶，我每天才只送二十多分钟，怎么好意思就说不干了呢？再看看弟弟，他干劲十足，不管多大的雨，多大的风，他都坚持着，即使被雨淋得像个落汤鸡似的，他也不在乎。这样一来我就必须坚持下去。

第二个月送牛奶就好多了，瓶子也没碎，车也没翻。同时，我还觉得很奇怪，二十多天里，我一次都没有买过果子汁和冰激凌什么的，就是看见同学们吃冰激凌，我也都没有动过一下心。这样过了三个月，我的钱包里可攒 (zǎn) 了不少钱。我成了"大财主 (cái zhǔ)"了，可却是一个"小气鬼"。当我想起在风雨中送牛奶的情形，即使有我想买的东西我都不肯买。前些日子，我还借给了妈妈一千多元钱，那时候别提我心里有多美了。钱是我靠劳动赚 (zhuàn) 来的，来之不易啊！

观 潮

钱塘江*大潮 (cháo, tide)，自古以来就被中国人称为"天下奇观"。

农历八月十八是一年一度的观潮日。这一天早上，我们随着观潮的人流，登上了大堤 (dī, dike)。钱塘江横卧 (wò, to lie) 在人们的眼前。平静的江面，越往东越宽。在雨后的秋阳下，江面笼罩着一层白蒙蒙的薄雾。

这时候，江潮还没有来。可是，大堤上早已是人山人海了。大家都昂首 (áng shǒu) 东望，在等着，在盼着。

午后一点左右，从远处传来了隆隆的响声，好像闷雷在滚动。熟悉江潮的人告诉我们：潮来了。我们踮着脚，向东望去。江面还是风平浪静，看不出有什么变化。但过了一会儿，响声越来越大，只见东边水天相接的地方，出现了一条白线。人群沸腾 (fèi téng, to boil) 起来了。

那条白线很快地向前移动，逐渐拉长，变粗，横穿过江面。再近些时，只见白浪翻滚，形成了一道六米多高的白墙。那浪越来越近，犹如千万匹白色的战马齐头并进，浩浩荡荡地飞奔而来。那声音如同千万辆坦克车同时开动，发出山崩地裂的响声，好像大地都被震得颤 (chàn) 动起来。

一刹那间，潮头奔腾而去了，可是余波还在漫天卷地地涌来。又过了很久，钱塘江的江面才恢复了平静。看看堤下，江水已经涨 (zhǎng) 起六米多高了。

---

* 钱塘江 (qián táng jiāng) 在中国东部浙江省，流入东海。

语言通顺靠修改　"英式中文"不精彩

亮亮：　老师，上一次讲作文的时候，我说修改作文是"画蛇添足，多此一举"，现在我收回这个看法。

马老师：哦，这是怎么回事？你怎么会改变了自己的看法的？

亮亮：　是这样的。上次写作文，我写的是《晚霞》。写完了，妈妈让我念给她听听。我念的时候，念到这样的话："晚霞是很红，一片一片地贴在天上，在西边，和是蓝的。"我一念到这里，心想怎么这么拗口啊？It sounds awful！我就对妈妈说，我得把这句话改一改！我就回到电脑上去改。

小丽：　"天在西边，和是蓝的。"这是 English，不是 Chinese。后来你把它改成怎样的了？

亮亮：　我先把它改成："晚霞是很红，一片一片地贴在西边的蓝天上。"一念，觉得好多了。妈妈听了说，这下通顺 (tōng shùn, fluent) 多了，你再念念，还有哪里觉得不通顺，再改改。我又念了一遍，觉得还可以改得更好，就又回到电脑上，把它改成"很红的晚霞，一片一片地贴在西边的蓝天上。"

小丽：　听起来真的更好了。

亮亮：　我越改越来劲，觉得还可以改得更好一点。我想把晚霞的颜色和天空颜色的对比描写出来。再一改，改成："火红的晚霞，一片片地贴在西边浅蓝色的天空上。"

小丽：　（忍不住拍起手来）真美！"火红"和"浅蓝"这两个词用得真好！

亮亮：　妈妈听了高兴极了，她说："真想不到我们亮亮能写出这么漂亮的中文句子来！"其实，我也想不到自己能写出这么好的句子，心里挺得意的。可是，再回头一想，这句子不是一开始就写得那么好的，是一遍一遍改出来的！所以，我就知道修改的好处啦！

马老师：亮亮，听你这么说我真高兴！你真是一个会动脑筋，会主动学习的好孩子！有这种精神，相信你什么东西都可以学好！我们上次说的"四细"，你们还记得吗？

小丽：　　记得！那是细看、细想、细写、细改！

亮亮：　　您还说这次要专门和我们讲"细改"！

马老师：你们是在美国长大的孩子，中文不是你们的第一语言。所以，在写中文作文的时候，"细改"对你们来说就更加重要。

小丽：　　我们英文学校的老师，也很重视让我们edit自己写的文章。

马老师：是的，写英文的作文和中文的作文很多地方是相通的。文章的第一稿写好以后，放一、两天，再回过头去修改，这是比较好的做法。首先是要看整体内容的安排，是不是很好地表现了主题？有没有漏 (lòu) 掉没写的？有没有多余的？段落的前后次序合理不合理？是不是可以把主题表现得更好？这是大的结构 (jié gòu, structure) 上和内容上的改动。

亮亮：　　接下来，就是要改句子了，是吗？

马老师：是的。接下来，要把句子改通顺，就像亮亮刚才说的那样。你们用英文写作也有语言通顺的问题。但是，写中文作文的时候，做到语言通顺对你们来说就更加不容易。

小丽：　　因为我们的第一语言是英文，所以我们写出的中文常常是英文的句式，而不是地道的"Chinese"。

马老师：（笑了）是的，你们常常容易写出"英式中文"，可不是真正地道的好的中文！但是，又因为你们都能听得懂和会说中文，你们的中文语感是很好的。你们可以依靠自己的中文语感，写出或者改出真正地道的中文句子来。亮亮就是这么做的。这次和下一次的中文写作练习，你们要集中学习怎么把中文写通顺。

小丽：　　老师，您有什么特别的办法吗？

马老师：这两次的写作练习呢，你们不是自己写作文，而是把一篇英文故事，用中文写出来。这样，你们可以不用去想写什么、怎么写，而是把力量集中在怎么用地道的中文来表达意思。

亮亮：　　您是不是让我们把一篇英文的故事翻译成中文？

马老师：这么说吧，就当作有一份给中国学生看的杂志 (zá zhì, magazine)，请你把我们课本后面的 "Anansi and the talking melon" 这个故事，写成一个中文的版本 (a Chinese version)，要讲给中国的孩子听。

你不一定要一个字一个字地翻译，但是不能改变故事的主题，也不能漏掉或者改变故事的主要意思，而且还得生动有趣。怎么样？

亮亮：阿南西是非洲民间故事里的一个蜘蛛，它很聪明。阿南西的故事都很有趣，我读过好几篇呢！可是要用中文讲给中国学生听，而且要生动有趣，说不定也不容易呢！

小丽：可是，总应该比自己写一篇中文作文容易吧？

马老师：到底是难还是容易，你们动手一写就知道了。老师想提醒你们的是：尽量用好的中文来表达故事的意思。如果写出了"英式中文"，要靠"细改"来把语言改通顺，把那些"英式中文"改成真正的、地道的中文。

小丽：老师，我想我们可以用亮亮的办法，就是把写好的句子大声读出来，那我们就可以发现哪里是"英式中文"，需要修改了。

马老师：对，朗读是发现语言哪里不通顺的好办法，你们的中文写得好不好，问问自己的耳朵就知道了。甚至，你们改英文作文的时候也可以使用这个方法。这次回去只写文章的前半部分。注意，中国小朋友可不喜欢读"英式中文"写的故事哦！蜘蛛阿南西确实非常聪明有趣，Have fun with him！OK？

思考题：

1、下面的句子是不是"英式中文"？怎么修改？

爸爸一下子抱起了大电视机，因为他力气很大。

去年冬天我们全家去滑雪了，在 Lake Tahoe，是开车去的。

2、从句子的结构来看，中文和英文的语序有什么不同？

三、有趣的木偶戏

1　暑假里的一个下午，我和哥哥一起去看木偶戏。这是我第一次看木偶戏。

2　一会儿，小"舞台"上响起了一阵动听的音乐。接着，传出了一个小女孩甜甜的声音："从前，有一只非常淘气的猴子，常常偷吃老爷爷的大萝卜。老爷爷几次想抓住它，都没抓住。你们看，老爷爷来了——"

3　这时，只见一位老爷爷背着一个竹筐，筐里装着一个大萝卜，慢慢地走了过来。老爷爷可能太累了，他东摇摇，西晃晃，像是要睡着了，可又怕小猴子来偷吃大萝卜。老爷爷终于想出了一个好办法。他对坐在台下的小朋友

说："我累了，想休息一会儿。要是小猴子来偷吃我的大萝卜，你们就告诉我，好不好？"台下的小朋友大声地说："好！好！"

4　于是，老爷爷就坐在树下休息。过了一会儿，他渐渐地闭上眼睛睡着了。这时候，小猴子悄悄地溜出来了。它东张张，西望望，没有发现什么动静，就壮着胆子，一步一步地向那大萝卜走去。

小朋友们齐声喊了起来："偷萝卜啦！偷萝卜啦！"老爷爷被惊醒了，他马上站了起来。但是，猴子很快躲了起来。老爷爷揉揉眼睛问："猴子呢？猴子呢？"小朋友叫着、嚷着："躲起来了，躲起来了！"

老爷爷想了想，就对小朋友说："等猴子再来的时候，你们别出声，行吗？"大家大声回答说："好！好！"不一会儿，老爷爷又"睡着"了。

这时候，那只猴子张望了一下，又轻手轻脚地钻了出来，跳到大萝卜旁边，要去偷萝卜。老爷爷猛地站起来，拿起装萝卜的筐，就向小猴子扣过去。小猴子左躲右闪，老爷爷紧紧追赶。最后，老爷爷终于把小猴子捉住了。小猴子向老爷爷说对不起，说以后再也不敢偷老爷爷的萝卜了，它还愿意帮老爷爷把萝卜送回家。

表演结束了，观众纷纷鼓起掌来。

词汇

1有趣的 (interesting) 2木偶戏 (ǒu xì) 3暑假 (shǔ jià) 4舞台 (wǔ tái) 5动听 6音乐 (yīng yuè) (huáng) 7接着 (jiē) 8传出 (chuán)

9淘气 (táo) 10萝卜 (luo bo) 11抓住 (zhuā) 12背着 (bēi) 13筐 (kuāng) 14摇晃 (yáo huàng) 15偷吃 (tōu) 16终于 17累 (lèi)

18渐渐地 (jiàn) 19闭上 (bì) 20悄悄地 (qiǎo) 21溜出来 (liū) 22张望 (zhāng wàng) 23动静 (dòng jìng) 24壮胆 (zhuàng dǎn) 25齐声 (qí shēng)

26惊醒 (jīng xǐng) 27躲 (duǒ) 28嚷 (rǎng) 29出声 30轻手轻脚 (qīng jiǎo) 31猛地 (měng) 32扣 (kòu) 33左躲右闪 (shǎn)

34愿意 (yuàn) 35表演 (biǎo yǎn) 36结束 (jié sù) 37观众 (zhòng) (guān) 38鼓掌 (gǔ zhǎng)

语言和语法

一、The superlative degree ("most") and the comparative degree ("more") in Chinese:

1. In Chinese, you can always add a "最"for "most" (the superlative degree):

I like the orange color best.　　我**最**喜欢橘红色。

He is the one who runs fastest in our class.　我们班里他跑得**最**快了。

2. For the comparative degree, you use "比" or "更" or both of them:

Using only "比"：

我**比**他大。

她**比**我跑得快。

Using only "更" or "更加"：

听了老奶奶的话，李白**更加**奇怪了："铁棒怎么能磨成针呢？"

我长大了，**更**喜欢读中文故事了。

Using both "比" and "更"：

我**比**弟弟**更**喜欢游泳。

火烧云**比**一般的云**更**好看。

"没有" vs. "不比"（比一比以下每组中的句子，说一说它们有什么不一样）：

我**没有**他大。

我**不比**他大。

弟弟的书**没有**我的书多。

弟弟的书**不比**我的书多。

法文**没有**中文难学。

法文**不比**中文难学。

二、朗读课文，然后回答问题：

1. 你认为课文可以分成几段？每一段讲些什么？

2. 老爷爷是怎样对付淘气的小猴子的？

三、读下面的句子，注意"东"、"西"、"左"、"右"的作用。

1. 他可能太累了，东摇摇，西晃晃，像要睡着了，可又怕小猴来偷吃大萝卜。

2. 它东张张，西望望，没有发现什么动静，就壮了壮胆子，一步一步地向那大萝卜走去。

3. 小猴子左躲右闪；老爷爷紧紧追赶。

常用词复习

• 学校　教室　校园　老师　学生　同学　上学　放学　上课　下课　上中文课
英文　数学　音乐　乐队　演出*　体育　比赛　练习　做作业　交作业　得分
考试　毕业*　得奖*

• 画画　弹钢琴　唱歌　跳舞　芭蕾舞　吹长笛　拉小提琴　打篮球　踢足球
打排球　棒球*　游泳　溜冰　冰球　爬山　滑雪　聚会　生日聚会　露营　玩
电脑游戏　上网　打电话　谈天

既痛苦又欢乐的圣诞节（美国）

圣诞节 (shèng dàn jié) 就要到了，我想要一匹小马驹 (mǎ jū, pony)。为了让爸爸妈妈明白我的决心，我说我别的礼物什么都不要。

"你非要一匹小马驹不可吗？"爸爸问我。

"非要不可！"我坚 (jiān) 定地说。

"皮靴 (pí xuē, boots) 也不行？"

真的，我早就渴望有一双皮靴了。但是，这回我只要一匹小马驹。

"不行！皮靴也不行！"

"一点糖果也不要？总得有小点的东西往你的长筒袜 (cháng tǒng wà, stocking) 里装啊。圣诞老人怎么能把小马驹装在长筒袜里呢？"

是的，圣诞老人不可能把小马驹装在长筒袜里，也不可能骑一匹小马驹从烟囱 (yān cōng, chimney) 里下来。可是……

"我只要小马驹，如果你们不给我小马驹，就什么也别给我好了！"

圣诞除夕 (chú xì, eve)，我和妹妹们都把自己的长筒袜挂了起来，好让圣诞老人往里面装圣诞礼物。

圣诞节一大早，我和妹妹们一起床就跑到壁炉旁。

哇，好多圣诞礼物！有吃的、有用的、有玩的，各种各样，五颜六色。可是，这些都是妹妹们的，我的长筒袜却空荡荡、轻飘飘，袜子下面和周围什么也没有。妹妹们都蹲在自己的礼物前兴奋地数着、喊着、唱着。好大一会儿，她们才发现我站在一旁，痛苦极了。她们一个个过来摸摸我的长筒袜，真的什么也没有。

我记不清那时我哭了没有，妹妹们都哭了。我跑回楼上，上了床，用被子蒙住头。妹妹们都坐在床边哭。我不耐烦了，就起来把她们赶走。

我出了家门，独 (dú) 自来到专门为小马驹搭的那个马棚里，小声地抽泣 (chōu qì, to sob)。妈妈来了，想安慰 (ān wèi, to comfort) 我，但我不需要任何安慰。妈妈叹着气又回去了。我听见她和爸爸吵起来了。

妹妹们来了，我不理睬她们。我走出了马棚，来到家门口，坐在台阶上。我已经哭不出声了，只觉得心里受了伤，好痛。爸爸心里一定也不好受，因为我瞧见他焦急地向外望，一直望了一两个小时。他只把窗帘 (lián) 拉开这么一条小缝，生怕我发现，但我可以看到他的脸和脸上那焦急的表情。

又过了一两个小时，一匹小马驹朝我走来了。一个大人骑在小马驹身上，但那崭新的、漂亮的马鞍 (mǎ ān, saddle)，却是小孩子坐的。瞧，它走近了！黑色的马鬃 (zōng, mane)，甩来甩去的尾巴，四只白蹄，前额上的一块白毛像一颗星星。就为了这样的一匹小马驹，我宁愿别的什么东西也不要。

骑着马的人挨家挨户查着门牌。到我家门前了，我的心怦怦地跳了起来。但是，骑马的人和小马驹，还有漂亮的马鞍，过去了。这时我再也受不了了，倒在台阶上放声大哭起来。

忽然，我听到了一个声音："喂！小家伙，你知道谁叫 Lincoln Steffens 吗？"我抬起头，是骑马驹的那个人，他又转回来了。

"我就是。"我哭着回答。

"太好了！这就是你的小马驹。我一直在找你和你的家。你家的门牌怎么不挂在显眼 (xiǎn yǎn, visible) 的地方呢？"

"你下来！"我叫着，跑向小马驹，"我要骑！"

那人还在说着什么："应该七点钟赶到，可是……我喝醉了……打架……医院……"

我什么也不愿意听，我不能再等了，我高兴极了，连声音都颤抖了，我骑着小马驹就上了街。多漂亮的小马驹，是我的！

我骑着小马驹在街上走了一圈，回到马棚。全家人都在那儿，爸爸、妈妈、妹妹们，都高高兴兴地等着我。他们已经放好了养马的工具，马刷、梳子、木杈，一切齐备。草料棚里满是干草。

爸爸精心安排的那个圣诞节是最坏的呢，还是最好的？这个问题爸爸后来常问我，我却无法回答。从令人心碎的痛苦到哭笑难禁的欢乐，一切都太突然了，恐怕就是一个成年人也是经受不了的。

(But that Christmas, which my father had planned so carefully, was it the best or the worst I ever knew? He often asked me that; I never could answer as a boy. I think now that it was both. It covered the whole distance from broken-hearted misery to bursting happiness--too fast. A grownup could hardly have stood it.)

小乌龟

我曾经养过一只小乌龟。那只小乌龟背着一个坚硬的壳，浅色的条纹把壳分成了十六小块，传说那还是孙悟空打碎的呢！小乌龟的脖子有时候能伸得很长，有时候也能缩到壳里一动不动。它的脖子鼓起一个大包，速度很慢地跳动，爸爸说那是乌龟的心脏。

有一次，我把小乌龟翻了个个儿，站在旁边看它会怎么办。只见小乌龟把右边的两条腿使劲向左边伸，左边的两条腿紧贴着地面，"扑"的一下就翻了过来。我连忙夸奖它："不错！"小乌龟的头又缩进了壳里，好像在说："这没有什么！"

一天，我把小乌龟放在地上，在离它大约二米的地方，有一个水盆。"快！"我把小乌龟往水盆的方向使劲一推，小乌龟就一摇一摆向前爬去。嘿，小乌龟爬得不算太慢啊！

小乌龟想爬进水盆，可是"嗵"的一声，摔了下来。第二次、第三次又往上爬，也都摔了下来。我看了真着急，恨不得帮它一把。忽然，小乌龟伸出了前腿抓紧盆沿，脖子一耸一耸，"嗵！"又一次失败了。小乌龟把头缩进壳里，不动了。

过了一会儿，小乌龟又开始爬了。只见它用前腿扣住了盆沿，后腿一缩一缩的，那条可笑的小尾巴也跟着一晃一晃的。"扑嗵"一声，小乌龟来了个倒栽葱，落入水盆里。这时，它用鼻孔在水面"吹"了几个气泡，仿佛告诉我："我小乌龟可是不怕困难的！"

小乌龟是可爱的精灵，也是毅力 (yì lì, willpower) 的一种象征！

用字正确不容易　　常常不能硬翻译

马老师：亮亮和小丽你们好！怎么样？把蜘蛛阿南西的故事写成中文版本，到底
　　　　比自己写作文难还是容易啊？

小丽：　老师，我觉得比自己想像的要难！我花的时间，不比写作文少呢！

马老师：亮亮你呢？

亮亮：　我也是。开始的时候我想，有英文的故事，我把它一个字一个字地翻译成
　　　　中文不就行了？可是没想到，一开始就行不通。比如说故事的第一句话
　　　　是："One fine morning Anansi the Spider sat high up in a thorn tree looking down into Elephant's
　　　　garden."这"One fine morning"中文怎么说？我能说是"一个好早晨"吗？
　　　　It doesn't sound right.可是中文应该怎么说呢？一下子还想不出来呢！

小丽：　是的，接下来，Anansi the Spider 也不能说是"阿南西蜘蛛"，而应该是"蜘蛛
　　　　阿南西"，那才是地道的中国人的说法。

亮亮：　还有，以前我一直以为 garden 就是花园。可是妈妈告诉我，中国人在
　　　　花园里是不种瓜果的，在这里应该说是"园子"才对。

小丽：　我写这一段的时候还遇到一个问题，就是"looking down into Elephant's garden"
　　　　里的"into"不知道怎么用中文表达，后来想了半天，就干脆用自己的
　　　　话写了。

马老师：那么后来，你们把故事的第一句话写成怎样了呢？

亮亮：　我是这样写的：
　　　　一个晴朗的早晨，蜘蛛阿南西坐在一棵高高的刺树上，看着树下大象的
　　　　园子。

小丽：　我写的和亮亮的有些不一样，你们听：
　　　　一个阳光明媚的早晨，蜘蛛阿南西高高地坐在一棵刺树上，他两眼盯着
　　　　树下，那里是大象先生的园子。

马老师：你们俩写得都不错啊！都是很地道、很好的中文，不是"英式中文"。
　　　　你们是一下子就写得这么好的吗？还是经过修改才改好的呢？

亮亮：　当然是经过修改的！我觉得小丽写的比我的更生动一些，听起来更好听
　　　　一些。她把大象写成大象先生，很有趣。

小丽：　我也是改了好几遍，才改成自己满意的样子的。

马老师：那么第二段的第一句话，"Anansi loved to eat melons, but he was much too lazy to grow
　　　　them himself"，你们又是怎样用中文来表达的呢？

亮亮：　这句话我是这样写的：

　　　　阿南西很爱吃甜瓜，可是他太懒了，不愿意自己种甜瓜。

小丽：　我是这样写的：

　　　　阿南西非常爱吃甜瓜，可是他又实在太懒，不想自己辛辛苦苦地种甜瓜。

马老师：都很好！小丽用了"辛辛苦苦"这个词，虽然英文的版本里没有写出这层意思，可是和故事的主题是符合的，加上去显得更生动了，很好！

亮亮：　有一句话，我不知道意思表达得对不对。英文故事里说："The trouble is, you never listen." 我把它写成中文："可问题是，你从来也不听我们说话！"可以吗？

小丽：　我觉得可以，其实我也是这样写的。虽然"trouble"常常是困难的意思，但是，在这里写成"问题"，表达意思更准确。

马老师：我同意你们的看法。这次回家，你们要写下一半故事了，我想你们应该比上一次写得更顺利些。

亮亮：　是的，上次写到后来，我已经觉得比开始容易了。主要是要想着故事的意思，而不要太多地想着英文，不是一定要把故事里的每一个英文字用中文写出来。用我妈妈的话说，"不要硬翻译"，反而更加容易。

马老师：（轻轻地笑了）你妈妈和老师想到一块儿去了，我们今天讲的题目就是……

亮亮：　"用字正确不容易，常常不能硬翻译"！

小丽：　我这次想要试一个新的办法：先看好一段英文故事，然后把它放在一边，想一想我要怎样把这段故事告诉中国小朋友，然后就直接在电脑上写，看看会怎么样。

马老师：好主意，值得试一试，祝你成功！

思考题：

1、有些同学觉得写中文作文很难，就先写成英文，再翻译成中文。你觉得这样好不好？如果这样做的话，应该注意些什么？

2、为了避免作文里出现"英式中文"，你有什么好办法？

四、蝉*

我有很好的环境可以研究蝉 (chán, cicada) 的生活习性，因为蝉是我的邻居。一到夏天，蝉就占据了我屋子前面的树。屋里我是主人，屋外却是蝉的天下。

蝉在夏至前后开始出现。在阳光照着的地上，有好些圆孔。圆孔的大小，大约可以伸进人的一个拇指。蝉的幼虫 (yòu chóng, larva) 就是从这些圆孔里爬出来的。

蝉的幼虫爬上地面以后，常常在圆孔附近寻找适当的地点——一棵小树，或是一根灌木枝，找到了就爬上去，用前爪紧紧抓住，一动也不动，蜕它的皮。

幼虫蜕皮是从背上开始的。外面的一层旧皮从背上裂开，露出淡绿色的蝉来。先出来的是头，接着是吸管和前腿，最后是后腿和折叠着的翅膀，只留下腹部还在那旧皮里。

这时候，蝉表演一种奇怪的体操。它腾起身子，往后翻下来，头向下倒挂着，原来折叠着的翅膀打开了，竭力伸直。接着，用一种几乎看不清的动作，尽力把身体翻上去，用前爪钩住那层旧皮。这个动作，使它的腹部从那层旧皮里完全蜕出来了。那层旧皮就只剩个空壳，成了蝉蜕。从开始到完全蜕出来，大约要半个钟头。

刚蜕皮的蝉，用前爪把自己挂在蜕下来的空壳上，在微风里颤动，样子很柔弱，颜色还是绿的，直到转成棕色，就跟平常的蝉一样了。假定蝉是早晨九点钟爬上树枝的，大概到十二点半才离开空壳飞去。空壳挂在树枝上，有的要挂一两个月。

---

* 《蝉》选自法国生物学家法布尔（1823-1915）写的《昆虫记》。

词汇

chán 1 蝉	huán jìng 2 环境	yán jiū 3 研究	xí xìng 4 习性	lín jū 5 邻居
zhàn jù 6 占据	xià zhì 7 夏至	yuán kǒng 8 圆孔	mǔ zhǐ 9 拇指	

fù jìn
10 幼虫　11 附近　12 寻找　13 适当　14 灌木枝　15 前爪　16 蜕皮　17 裂开

lòu　dàn　xī guǎn　zhé dié　chì bǎng　fù bù　biǎo yǎn　tǐ cāo　téng
18 露出　19 淡绿色　20 吸管　21 折叠　22 翅膀　23 腹部　24 表演　25 体操　26 腾

jié lì　chàn　róu ruò　gài　zōng　jiǎ dìng
27 竭力　28 颤动　29 柔弱　30 大概　31 棕色　32 假定

语言和语法

一、"吗"、"吧"、"呢"、"呀"、"啊"、"嘛"的用法

1. "吗"只能用在疑问句里，用来构成疑问句 (it is used to make an interrogative sentence)：

陈述句：你知道蝉是怎样蜕皮的。

疑问句：你知道蝉是怎样蜕皮的**吗**？

陈述句：蝉飞走了。

疑问句：蝉飞走了**吗**？

2. "吧"、"呢"、"呀"、"啊"、可以用在疑问句里，也可以用在感叹句里，但是，它们**不是用来构成**疑问句或感叹句，**而是用来修饰**疑问句和感叹句的语气 (They are used not for making a interrogative sentence nor a exclamatory sentence, but for modifying the tone of these sentences)。"嘛"只能用在感叹句里。

疑问句：

蝉是怎样蜕皮的？

蝉是怎样蜕皮的**呢**？ (showing a greater interest in the answer)

小弟弟，你今年几岁？

小弟弟，你今年几岁**呀**？ (with a more soft tone)

晚饭是他做的**吗**？ (not sure if it was he who cooked the dinner or not)

晚饭是他做的**吧**？ (pretty sure it was he who cooked dinner)

感叹句：

那里太好玩了，他明年暑假还想去。

那里太好玩了，他明年暑假还想去**呢**！

他走**呀**走**呀**，终于走到了家里。

这些花是多么漂亮**啊**！

你跟我去**吧**！

你跟我去**嘛**！

常用词复习

- 年　月　日　岁　星期　太阳　月亮　星星　宇宙　地球　天空
大地　高山　江　河　长江　黄河　湖　海　海洋　太平洋
大西洋　南极　北极　赤道

- 坐　立　站　走　跑　跳　蹦　爬　钻　睡　躺　躺下　起来
赶　追　住　飞　开　打开　开门　开窗　关　关上　关门　关窗

塔那埃卡*（美国）

当我十一岁的生日一天天临近的时候，我不断地做着一个又一个的恶梦。因为我就要到通过塔那埃卡的年龄了。我们部落 (bù luò, tribe) 里的许多年轻家庭，都已不再继续这种古老的传统 (chuán tǒng, tradition) 了，可是我的祖父依然恪守着旧传统。他照旧穿着手打的草鞋，他那一头钢针般的褐色头发还是披散着。他能说英语，但是只对白人讲，在家里只说考尔话。

祖父是曾同美国军队作过战、并且还活着的最后一个考尔人。他不但英勇善战，还在战斗中负过伤——那时他才十一岁。

十一岁的生日在考尔人中是具有特殊意义的日子，这是我们考尔人的"成年日"。祖父给我们讲过几百遍："这是一个男孩要证明他将成为一名战士，一个女孩要证明她将要成为妇女的日子。"

"我不想成为一名战士，"我的表弟罗格私下对我说，"我想成为一名会计师 (kuài jì shī, accountant)。"

"没有别的家庭会再要求女孩子通过这种考验了。"我向妈妈抱怨道。

"不会像你想的那样坏，玛丽。"妈妈回答，"当你经历了塔那埃卡之后，你将会永生难忘，你会永远为此感到自豪的。"

这事我对我的老师理查得逊夫人也抱怨过。我想，作为一个白人，老师一定会支持我的。但是没想到，她却说："我们有着各式各样的风俗。你不妨 (why don't you) 这样想，有多少女孩子能像你这样，取得和男孩子平等的机会呢？你可不要小看了你们的文化。"

文化？真的吗？我可不想一辈子 (yì bèi zi, whole life) 呆在部落里。我是一个好学生，

---

* 塔那埃卡 (tǎ nà āi kǎ)：印第安人考尔族(Kaw Indians)的生存考验(test for survival)，在少男少女长到十一岁时，他们要单身(solely)在野外独自 (dú zì, by one self) 生活三个星期，证明他们已经成人。这篇文章讲的故事发生在1947年。

我喜欢学校。我的梦想是像那些可爱的公主们那样，被一个披着盔甲 (kuī jiǎ, a suit of armor) 的勇士把我从恶龙的手中救出来。作为一个印第安女孩，我从来没感到自豪过。

但是，我确实知道，没有其他的印第安部落比考尔族对妇女更平等。考尔族允许妇女和男人一起吃饭，最聪明的妇女还可以出席部落的日常会议。事实上，大多数考尔族的传说都和女英雄有关。据说有个女英雄曾率领考尔部落的战士去迎敌，而且每回都大获全胜。这就是为什么女孩和男孩一样要通过塔那埃卡的原因。

由于印第安人的生活同平原息息相关，于是塔那埃卡便成为一种生存耐力 (nài lì, endurance) 的考验。

"耐力是我们印第安人最宝贵的品德，"祖父解释道，"为了活下去，我们必须学会忍耐。我年轻的时候，塔那埃卡同现在简直是天差地别。我们用一种白漆 (qī, paint) 涂满全身，然后光着身子被送到荒野，连一把小刀也不能带。在那些白漆全部脱落以前，我们不准回家。那大约需要十八天时间。在这期间我们得靠捉昆虫、剥树皮来活下去，同时还得当心敌人。那时真的有许多敌人——像白人的战士，他们靠抓住考尔人来完成他们的'生存考验 (shēng cún kǎo yàn, test for survival)'。那可真是一段危机四伏的岁月。"

"要是我们通不过生存考验，那该怎么办呢？"罗格问道。他比我小三天，这回我们一起参加塔那埃卡。当我看到他那有些害怕的样子的时候，心中升起一股得意的感觉。

"很多人没能回来，"祖父说，"只有最强壮、最出色的人才能返回。那些没能回来的人，他们的妈妈却不能为此掉眼泪。因为如果一个考尔人通不过生存考验，那便不值得别人为他哭泣。这就是我们考尔部落的观点。"

"太残忍 (cán rěn, cruel) 了，"罗格低声说道，"要是能不参加这种考验，叫我做什么我都乐意。"

"我看不出我们还有什么别的选择 (xuǎn zé, alternatives)。"我说。

罗格轻轻地碰了一下我的胳膊，"好吧，好在只有五天。"

五天！那也许比浑身涂满白漆光着身子在野外熬上十八天要强些。但是，又好得到哪儿去呢？

我们将不得不赤着脚，穿着睡衣被送到大树林里。祖父建议我们不要穿日常的衣服，离开家到野外去度过五天。要自己在森林中取暖，寻找食物。虽然已经是五月了，但是在我的家乡，天气依然很冷，夜间当然更冷了。

祖父花了一个月的时间训练 (xùn liàn, to train) 我和罗格。有一天他抓了一只蚱蜢 (zhà měng, grasshopper)，告诉我们怎样用手指拉掉蚱蜢的腿和翅膀，然后一口吞 (tūn, swallow) 下去。听了以后我感到很恶心，罗格的脸也发青了。

"难道在今天我们还要重复做这种事吗？"我对罗格说。

"你成不了一个合格 (hé gé, qualified) 的战士。"罗格笑了笑说。

我相信，自己不管在多么饥饿的情况下，也决不会吞吃一只蚱蜢。有一天，我突然想到了一个好主意，这个主意可以把我从那无数的吞吃蚱蜢的恶梦中解救出来。

我来到老师家。"理查德逊夫人，"我说，"您能借我五美元吗？"

"五美元？"她故作惊奇，"你要作什么用呢？"

"嗯——您还记得上次我对您提起的那种仪式 (yí shì, ceremony) 吗？"

"当然，你父母已经写信向我请假，让你回去通过那种仪式了。"

"所以，我想买些必要的东西。"我没敢说实话，"但我不想向爸妈要钱。"

"借钱不能说是不好，玛丽，但是你打算怎么还我呢？"

"我为您看十天孩子吧。"

"那倒也合算。"她说着，把手伸进包中抽出了一张五美元给我。我从来没想过一次能有这么多钱。

"希望这钱能帮上你的忙。"理查德逊夫人说道。

几天以后，仪式开始了。早上六点，我和罗格吻 (wěn, to kiss) 别了父母亲，穿着睡衣就向林子出发了。"你往哪边走？"罗格问道。我和罗格应该分别前往不同的林区，并且在整个过程中不能相互联系。

"我想往河那边走。你呢？"我问。

"好，"罗格答道，"随你的便。"

我这样说是有用意的。因为在几英里外的河边有个小码头 (mǎ tóu, whalf)，早晚常有些小船停在那儿。我想，如果在那些小船上过夜，一定会比睡在森林里用树叶垫成的"床"上，要舒服得多了。

我们分手的时候，罗格握了握我的手，说："一路顺风，玛丽。"

"N'Ko-n'ta"，我说。这是考尔话，意思是坚强 (jiān qiáng, to be strong)。

那一天阳光明媚，天气格外的好，可是我的脚却被荆棘划得疼痛难忍。这时我忽然看见一棵祖父曾经谈起过的草莓 (cǎo méi, strawberry) 枝。他告诉过我们："在春天，这些草莓到处可见，味道香甜。"草莓看上去金灿灿的，很可爱，于是我就摘了一个放进嘴里。

"呸！"我马上吐了出来。那草莓又苦又涩 (sè)，就连蚱蜢 (zhà měng) 也不会喜欢的！

我坐了下来，想歇一会儿。忽然，一只野兔从草莓丛中窜了出来。野兔拾起我吐掉的草莓，一口吞了下去，接着又叼起了另一个，放在嘴里。它望着我，耸着鼻子。我一抬头，又看见一只红头甲壳虫嗡嗡地飞进了一棵橡树。这时候，又有一只野猫从树丛中跃了出来。一刹那间，我感到一点儿也不害怕了。塔那埃卡也许比我想象的要好得多。我站起身来继续向河边走去。

"怎么一条船也看不见，"我失望地自言自语。可是，我一眼看到岸边有一家旅馆，叫"安尼的河岸"。我走进了旅馆，柜台后站着一个又高又大的男人，他问我要些什么。

"一个汉堡包 (hamburger)，外加一杯冰牛奶，"我回答。

"小朋友，"他说，"这可真是一顿丰盛的早餐呢。"

"我每天早上都吃这么多。"我随口说道。

"四十五分钱。"他说。

"妙极了，"我想，"这比蚱蜢好吃多了。祖父也从来没说过我不许吃汉堡包。

我吃着汉堡包，心想："晚上能不能睡在旅店里呢？那不是比睡在船上更舒服吗？"于是我偷偷溜进客店查看，果然看到里面的窗子没插牢。我高高兴兴地溜到外面的河边去玩耍，看着水鸟在河中嬉戏。

太阳落山的时候，旅馆关了门。我目送着那个高大的男人驾车远去之后，便从虚掩着的窗子爬了进去。窗外有盏路灯，所以屋子里很亮。桌子上放着一台收音机，我随手拨了个音乐节目。旅馆里很暖和，我感到饿了，就找到一杯牛奶和一个馅饼吃了。我在一张纸上把它们记下了来，准备明天付钱。我打算第二天早些起来，在那男人回来之前，从后窗溜出去。我关掉了收音机，在地板上躺下，很快就睡着了。

"哦，上帝！你在这儿干嘛呢？小孩！"这是一个男人的声音。

我睁开眼睛，已经是早上了。真糟糕，我睡过头了。

"好吧，小孩，我猜到这是怎么一回事了。你迷路了吧？你一定是从家中偷跑出来的，你家里人一定急坏了。你家有电话吗？"

"有，有的，"我答道，"但是请你千万别告诉他们。"

我浑身在发抖。那个人说他的名字叫安尼。他倒了杯热可可给我。喝着热可可，我开始向他解释塔那埃卡是怎么一回事。

"这是我所听到的最荒唐 (huāng táng, crazy) 的事，"他说，"我在已经这里住了大半辈子，这还是头一回听说你讲的塔那埃卡这种事情。"他望望我，"这种对待小孩子的作法实在是太愚蠢 (yú chǔn, silly) 了。"他说。

那正是我埋在心里一直想说出来的话。但是，话从安尼口中讲出来的时候，我却生气了。"不，一点也不愚蠢，它是我们考尔部落的传统，我们这样做已经有好几百年的历史了，我奶奶和我爷爷都经历过这种仪式。那就是为什么考尔人全都是最勇敢的战士的原因。"

"好吧，勇敢的战士。"安尼说，"先穿上衣服再说吧。如果你想在这儿待上五天，我倒可以帮忙。"安尼说着就来到壁橱前，从里面取出一包衣物。"这是人们丢在船上的，也许里面还有合适你的衣服。"他说。

衣裳穿在身上显得很宽大，但感觉还满好。我高兴极了。我又认识了一位新朋友。最重要的是我可以安然通过塔那埃卡了。

祖父曾经讲过，通过塔那埃卡必然充满着历险 (lì xiǎn, adventure)，可我却有自己的特色。而且，祖父也没说过不能接受别人的帮助啊。

整个塔那埃卡期间，我都待在"安尼的河岸"。每天早上，我跑进树林里看各种小动物，然后再给安尼的每张桌子采满野花。我从来没有这样开心过。我可以一早起来看日出，然后在日落后回去睡觉。我随心所欲地吃好东西，并坚持要安尼收下我所有的钱。

五天很快就要过去了，我感到有一点难过，因为我和安尼在一起的每一分钟都充满了快乐。他教我怎样做西点 (western dessert) 和"安尼辣酱 (là jiàng, hot sauce)"，我给他讲考尔部落的趣闻。我以前从来没意识到，我对自己的民族了解得那么深。

但是塔那埃卡终于结束了，我得回家了。将近晚上九点半的时候，我的心开始不安起来。要是祖父问起蚱蜢和草莓的事，我该怎么办呢？而且我的体重一点儿也没有减轻。

"他们见到我会很高兴的，"我想，"他们不会问得太多的。"

回到家，我推开了门。祖父见到我，就迎上来高兴地说："我亲爱的玛丽！你可回来了！"

我亲热地和祖父拥抱，却一直没注意到表弟罗格。他的眼睛里充满了血丝，眼窝深陷，他瘦多了。他的脚下满是血和泥浆。他声音嘶哑地叫着："看我弄的，是我弄的，我是一个战士，一个战士！"

祖父用奇怪的眼神望着我。我身上很干净，好像还胖了一点。

祖父开口了："这些天你吃的什么呀？"

我屏住了呼吸，说出了实话："汉堡包和冰牛奶。"

"汉堡包！"祖父咆哮 (páo xiào) 了。

"冰牛奶！"罗格哑着嗓子重复。

"可您并没说我们一定得吃蚱蜢啊！"我疲倦 (pí juàn, tired) 地回答。

"把你的经过告诉我。"祖父命令道。

于是我讲出了一切。从借五美元开始，一直到碰到好心的安尼和每天在河边玩耍。

"唉，那可不是我训练你的目的呀。"祖父哭丧着脸说。

我站起身来，说："但是爷爷，现在我懂得了塔那埃卡是有意义的了！而在那以前我并没这么想过。我曾对它嗤 (chī) 之以鼻。但现在我知道那是不对的。我学会了不该害怕一切困难。可是，现在是1947年了，已经没有理由在可以吃汉堡包的时候，偏偏去吃蚱蜢了！"

一口气说完了这些话，我自己也被自己的勇气惊呆了！但我觉得这样很舒畅。"爷爷，我敢跟您打赌，您从来没吃过那种烂草莓。"

祖父笑了！他大声地笑了起来！站在一旁的人都呆住了。祖父从来没有这么大声笑过，从来没有。

"哈哈……那些草莓，它们糟透了！"祖父说，"我根本就咽不下去。我在塔那埃卡的第一天找到了一头死鹿，也许是一个士兵打死的。我是靠那只死鹿度过塔那埃卡的。"

祖父停住了笑，说："我想我得让你再来一次。"

我望望罗格。

"你确实很聪明，玛丽。"罗格说。"我连想都没想过。"

"一个会计只要精通数学就行了，"我安慰他说，"我一做数学就头疼。"

"你本该像你表弟那样去做，但是我认为你比我们更加了解我们的民族。我相信在任何时间、任何地点，你都能通过生存考验。你毕竟 (bì jìng, after all) 已经懂得了如何在一个不属于我们印第安人的世界中生活。我相信，你在生存考验这个问题上，不会再有任何问题了。"祖父想了想，最后这样对我说。

祖父说的话也许不全对。但我想，以后我会用行动来证明给他看的。

(Please see page 148 for the original English version of Ta-Na-E-Ka).

我和姐姐争冠军

我的姐姐只比我大一岁，我们俩在同一个学校上学，又都非常喜欢打乒乓球，是一对出了名的小球手。今年春天，学校举行乒乓球比赛，我和姐姐都连战连胜，到了决赛的时候，居然是我和姐姐争夺冠军！

决赛那天，绿色的球台周围坐满了人，大家都在不住地议论。有的说："我看一定是姐姐赢！"有的说："谁说的，妹妹打得才棒呢！"我看到这么多眼睛望着我，不由得紧张起来，心"突突"地跳得厉害。

裁判宣布比赛开始，全场响起了一阵热烈的掌声。我更加发慌了。试球的时候，我只看见白色的小球忽高忽低，忽左忽右，只知道球网的那边是姐姐，至于她心里是不是也和我一样紧张，我完全没注意。才试了几个球，我的手心里就全是汗水了。

决赛正式开始了，我渐渐镇静下来。前两局我和姐姐各胜了一局。第三局由我先发球。我发一个正手球，再发一个反手球，接着连发两个长球，又发一个短球。总之，不让姐姐摸着我的规律。碰上姐姐打了稍高的球，我就用力扣杀。姐姐也毫不示弱，连连攻我的反手，还打出旋转球来让我接不准。我们姐妹两个不分上下，比分紧紧咬住，五平，六平，八平……还好，交换场地的时候，我领先姐姐一分。

最后的比赛更加激烈了。我每一板都打得很小心，也不放弃攻球的机会。有时姐姐打过来的球又快又硬，我都挡回去了。当我以二十比十九领先一个球的时候，姐姐大概是急着要追成二十平，猛然扣了一板。我正担心对付不了，没想到球却碰着了球网，出界了。在热烈的掌声中，我们的决赛结束了。

既有兴趣又熟悉　一步一步写仔细

马老师：上周学的课文《蝉》，其中有一部分写得特别细，你们记得是哪一部分吗？

小丽：　我记得，是写蝉蜕皮的那一部分。这篇文章里有四个小节是和蝉蜕皮有关的：第三小节写蝉的幼虫爬上地面后找地方蜕皮。第六小节写蝉蜕皮后，离开树枝前的情景。而第四和第五整整两个小节，写蝉蜕皮的过程。

亮亮：　作者把蝉蜕皮的过程，一步接一步、一个动作接一个动作，写得非常仔细。使得我们没有看见过蝉蜕皮的人，也能很具体地想像出整个过程，真是太妙了！

马老师：你们说说，作者为什么能够把蝉蜕皮的过程写得那么仔细？

亮亮：　我想是因为作者对蝉非常有兴趣、有感情。他一定非常仔细地观察过蝉蜕皮的过程，而且我猜他一定观察过许多次！所以对这个过程熟悉极了，闭着眼睛也能想像出来。这样，他才能写得这么细致！

小丽：　是的！我爸爸告诉我，《蝉》的作者法布尔是一位生物学家，他特别喜爱昆虫。法布尔最喜欢做的事，就是和昆虫待在一起，观察它们的生活习性。他写的《昆虫记》里，记录了两百多篇昆虫的故事。我们读的，只是书中蝉的故事中的一小部分呢。

马老师：你们说得很好，"兴趣"和"熟悉"是把一个过程写仔细的两个重要条件。这次写作文，就是要写你们生活里经历过的一个过程。

亮亮：　"生活里经历过的一个过程"？　是指自己亲自做过的，还是亲眼看到过的？

马老师：两种都可以。你们可以写"我怎么样……"，或者"××是怎么样……"。我猜想前一种更容易写一些。

小丽：　老师您说过，写一个过程要表达它时间的 dimension，先是怎样的，接下来一步一步是怎样的，最后又是怎样的，是吗？

亮亮：　我想到了！我可以写《我怎样煎 (jiān) 荷 (hé) 包蛋》！我喜欢煎荷包蛋。自从跟妈妈学会了怎样煎荷包蛋以后，星期六早上我常常给家里的每个人煎上一个当早餐呢！

马老师：嗨，看不出来，亮亮还那么能干！你是不是对煎荷包蛋的过程非常熟悉，闭着眼睛也能想像得出来呢？

亮亮：　那当然：先准备好鸡蛋，再把锅子放到炉头上，倒上油，把火拧开。等油热了，把蛋打下去，撒上一点盐。过了一会儿，用锅铲把蛋翻个身。再过一会儿，把蛋铲到盘子里，端上桌，就好啦！嘿，就这么几句话，哪里能成一篇作文呢？

马老师：只写这几句话当然不行，你得把煎荷包蛋的过程里的每一步都写具体。比方说，"先准备好鸡蛋"，到底是怎么样准备的？蛋从哪里拿出来的？放在哪里？再比方"倒上油"三个字，就可以写得更具体：怎么倒的？倒多少？至于打蛋、撒盐、铲蛋，煎好的蛋是怎么样的，等等，也各有细节部分可以写，你说是吗？你对煎荷包蛋很有兴趣，读了你写的过程以后，如果读者被你的兴趣感染 (rǎn) 了，你就写成功了。

亮亮：老师您这一说，我倒真想到更多的细节了。我想我可以把煎荷包蛋写得生动、具体、有意思，让读者看了都想学一学！

小丽：我喜欢放风筝。我想写《风筝是怎样放起来的》，可以吗？

马老师：当然可以。只要是你们有兴趣的和熟悉的过程都可以。有的同学写过怎样骑自行车，有的同学写过怎样割草，有的同学写过怎么浇花。有的同学呢，写怎么样折纸飞机。还有的同学写过松鼠怎样吃松果，小鸟怎样喝水……都写得很好，又生动又具体。

小丽：老师，我想到一点，我们的作文和一般的说明书 (manual) 不一样。比方说您提到折纸飞机，在说明书上写得很清楚，第一步做什么，第二步做什么。可是我们要是这样写的话，读起来就没有意思了。

亮亮：说明书的作者对所写的过程也是非常熟悉的。但是，说明书里看不出他对这一过程的兴趣，而我们的作文要表现出我们对这一过程的兴趣。就像读了《蝉》，我们不仅了解了蝉蜕皮的过程，还感受到作者法布儿对蝉的兴趣。

马老师：看来你们都已经很明白，不需要我多说了，那老师就等着读你们写的文章了！

小丽：老师，我们一定好好写。

亮亮：我们不会让您失望的！

思考题：

1、对于自己有兴趣又熟悉的过程，常常容易写成"说明书"和"流水账"。怎样才能把一个过程写得有趣，让读者爱读呢？

2、即使是自己有兴趣又熟悉的过程，还是有的比较容易写，有的比较难写。这是为什么？请举例说明。

用中文写出以下故事

蜘蛛阿南西和会说话的甜瓜

Anansi and* the talking melon

Retold by Eric A. Kimmel

(1)

One fine morning Anansi the Spider sat high up in a thorn tree（刺树, cì shù）looking down into Elephant's garden（园子）. Elephant was hoeing（锄, chú）his melon patch（甜瓜地）. The ripe melons seemed to call out to Anansi, "Look how sweet and juicy we are! Come eat us!"

Anansi loved to eat melons, but he was much too lazy to grow them himself. So** he sat up in the thorn tree, watching and waiting, while the sun rose high in the sky and the day grew warm.

By the time noon came, it was too hot to work. Elephant put down his hoe（锄头, chú tóu）and went inside his house to take a nap.

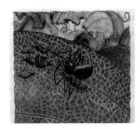

This was the moment Anansi had been waiting for. He broke off（折断, zhé duàn）a thorn and dropped down into the melon patch. He used the thorn to bore a hole in the biggest, ripest melon.

(2)

Anansi squeezed（挤, jǐ）inside and started eating. He ate and ate until he was round as a berry（浆果, jiāng guǒ）.

"I'm full," Anansi said at last. "Elephant will be coming back soon. It is time to go."

But when he tried to squeeze through the hole, Anansi got a surprise（大吃一惊）. His body was too big to get out of the melon!

"I can't get out!" Anansi cried. "I will have to wait until I am thin again."

Anansi sat down on a pile（堆, duī）of melon seeds and waited to get thin. Time passed slowly.

---

* The word "and" seems to have same meaning as the Chinese word "和". However, "和" is much less frequently used in Chinese than "and" in English. For example, in this story the word "and" appears 20 times. When translated into English, only five of them (see those underlined with a straight line like "and") need to use "和". For the other 15 times (those underlined with a saw-tooth line like "and"), we use other words like "又", or, for most cases, simply add a comma to serve the function of "and".

** The situation of the word "so" and "所以" is similar to that of "and" and "和" —— "所以" is much less frequently used in Chinese than "so" in English. In this story "so" appears five times. Only this first "so" needs to be translated as "所以" (since its mood is close to "therefore"). For the other four times we need to use other Chinese words, or simply eliminate it.

(3)

Just then he heard Elephant returning to the garden. Anansi had an idea. "When Elephant gets closer, I will say something. Elephant will think the melon is talking. What fun!"

Elephant walked over to the melon patch. "Look at this fine melon. How big and ripe it is!" he said, picking（摘, zhāi）it up.

"Ouch（哟, yō）!" cried Anansi.

Elephant jumped. "Aah! Who said that?"

"I did. The melon," Anansi said.

"I didn't know melons could talk," said Elephant.

"Of course we do. We talk all the time. The trouble is（问题是）, you never listen."

"I can't believe my ears!" Elephant exclaimed. "A talking melon（会说话的甜瓜）! Who could believe it? I must show this to the king." Elephant ran down the road, carrying the melon with Anansi inside. Along the way he ran into（遇到了, yù dào）Hippo（河马）.

(4)

"Where are you going with that melon?" Hippo asked.

"I'm taking it to the king," Elephant told him.

"What for? The king has hundreds of melons."

"He doesn't have one like this," Elephant said. "This is a talking melon."

Hippo didn't believe Elephant. "A talking melon? How ridiculous it is（多傻 shǎ 呀）! That's as ridiculous as（傻 shǎ 得像）......"

"......a skinny hippo," the melon said.

Hippo got so angry his face turned red. "Who said that? Did you say that, Elephant?"

"It wasn't me. It was the melon," Elephant said. "I told you it talks. Do you believe me now?"

"I do!" Hippo exclaimed. "I want to go with you. I want to hear what the king says when you show him this talking melon."

"Come along, then（那么，跟我来）," said Elephant. So Elephant and Hippo went down the road together, carrying the melon.

(5)

By and by, they ran into Warthog（野猪）. "Where are you taking that melon?" Warthog asked them.

"We're taking it to the king," Elephant and Hippo told him.

"What for? The king has hundreds of melons," Warthog said.

"He doesn't have one like this," Hippo replied. "This melon talks. I heard it."

Warthog started to laugh. "A talking melon? How ridiculous it is! That's as ridiculous as..."

"A handsome（英俊, yīng jùn）warthog," said the melon. Warthog got so angry he shook all over（气得浑身发抖, hún shēn fā dǒu）. "Who said that? Did you say that, Elephant? Did you say that, Hippo?"

"Of course not!" Hippo and Elephant told him. "The melon talks. Do you believe us now?"

"I do!" cried Warthog. "Let me go with you. I want to see what the king does when you show him this talking melon."

Along the way, they met Ostrich（鸵鸟, tuó niǎo）, Rhino（犀牛, xī niú）, <u>and</u> Turtle（乌龟, wū guī）. They didn't believe the melon could talk either until they heard it for themselves. Then they wanted to come along too.

(6)

The animals came before the king. Elephant placed the melon at the king's feet.

The king looked down. "Why did you bring me a melon?" he asked Elephant. "I have hundred of melons growing in my garden."

"You don't have one like this," Elephant said. "This melon talks."

"A talking melon? I don't believe it. Say something, melon."

The melon said nothing.

The king grew impatient（不耐烦, bú nài fán）.

"Melon, if you can talk, I want you to say something. I command（命令, mìng lìng）you to speak."

The melon did not make a sound.

The king was even more impatient. "Oh, this is a stupid melon!"

Just then the melon spoke. "Stupid, am I? Why do you say that? I'm not the one who talks to melons!"

The animals had never seen the king <u>so</u> angry. "How dare this melon insult（侮辱, wū rǔ）me!" He shouted. The king picked up the melon <u>and</u> hurled（仍, rēng）it as far as he could.

(7)

The melon bounced <u>and</u> rolled（滚, gǔn）all the way to Elephant's house. KPOM（嘭, pēng）! It smacked into（撞到, zhuàng dào）the thorn tree <u>and</u> burst into pieces. Anansi picked himself up from among the bits of melon rind.

Now that he was thin again, <u>and</u> he was hungry. Anansi climbed the banana tree. He settled himself in the middle of a big bunch of bananas <u>and</u> started eating.

Elephant returned. He went straight to the melon patch.

"You melons got me in trouble（惹麻烦, rě má fàn）with the king!" Elephant said. "From now on, you can talk all you like. I'm not going to listen to a word you say!"

"Good for you, Elephant!" Anansi called from the bananas. "We bananas should have warned（警告, jǐng gào）you. Talking melons are nothing but trouble.

Ta-Na-E-Ka

by MARY WHITEBIRD

As my birthday drew closer, I had awful nightmares about it.
I was reaching the age at which all Kaw Indians had to participate in Ta-Na-E-Ka.
Well, not all Kaws. Many of the younger families on the reservation were beginning to give up the old customs. But my grandfather, Amos Deer Leg, was devoted to tradition. He still wore handmade beaded moccasins instead of shoes, and kept his iron gray hair in tight braids. He could speak English, but he spoke it only with white men. With his family he used a Sioux dialect.

Grandfather was one of the last living Indians (he died in 1953 when he was eighty-one) who actually fought against the U.S. Cavalry. Not only did he fight, he was wounded in a skirmish at Rose Creek — a famous encounter in which the celebrated Kaw chief Flat Nose lost his life. At the time, my grandfather was only eleven years old.

Eleven was a magic word among the Kaws.
It was the time of Ta-Na-E- Ka, the "flowering of adulthood." It was the age, my grandfather informed us hundreds of times, "when a boy could prove himself to be a warrior and a girl took the first steps to womanhood."

"I don't want to be a warrior," my cousin, Roger confided to me. "I'm going to become an accountant."

"None of the other tribes make girls go through the endurance ritual," I complained to my mother.

"It won't be as bad as you think, Mary," my mother said, ignoring my protests."Once you've gone through it, you'll certainly never forget it. You'll be proud."

I even complained to my teacher, Mrs. Richardson, feeling that, as a white woman, she would side with me.

She didn't. "All of us have rituals of one kind or another," Mrs. Richardson said. "And look at it this way: how many girls have the opportunity to compete on equal terms with boys? Don't look down on your heritage."

Heritage, indeed! I had no intention of living on a reservation for the rest of my life. I was a good student. I loved school. My fantasies were about knights in armor and fair ladies in flowing gowns being saved from dragons. It never once occurred to me that being Indian was exciting.

But I've always known that no other Indian tribe treated women more "equally" than the Kaw. Unlike most of the subtribes of the Sioux Nation, the Kaw allowed men and women to eat together. The wisest women often sat in tribal councils. Furthermore, most Kaw legends revolve around "Good Woman," a kind of supers-quaw, a Joan of Arc of the high plains. Good Woman led Kaw warriors into battle after battle from which they always seemed to emerge victorious. And girls as well as boys were required to undergo Ta-Na-E-Ka.

The actual ceremony varied from tribe to tribe, but since the Indians' life on the plains was dedicated to survival, Ta-Na-E-Ka was a test of survival.

"Endurance is the loftiest virtue of the Indian," my grandfather explained. "To survive, we must endure. When I was a boy, Ta-Na-E-Ka was more than the mere symbol it is now. We were painted white with the juice of a sacred herb and sent naked into the wilderness without so much as a knife. We couldn't return until the white had worn off. It wouldn't wash off. It took almost eighteen days, and during that time we had to stay alive, trapping food, eating insects and roots and berries, and watching out for enemies. And we did have enemies — both the white soldiers and the Omaha warriors, who were always trying to capture Kaw boys and girls undergoing their endurance test. It was an exciting time."

"What happened if you couldn't make it?" Roger asked. He was born only three days after I was, and we were being trained for Ta-Na-E-Ka together. I was happy to know he was frightened too.

"Many didn't return," Grandfather said. "Only the strongest and shrewdest. Mothers were not allowed to weep over those who didn't return. If a Kaw couldn't survive, he or she wasn't worth weeping over. It was our way."

"What a lot of hooey," Roger whispered. "I'd give anything to get out of it."

"I don't see how we have any choice," I replied.

Roger gave my arm a little squeeze. "Well, it's only five days."

Five days! Maybe it was better than being painted white and sent out naked for eighteen days. But not much better.

We were to be sent, barefoot and in bathing suits, into the woods. For five days we'd have to live off the land, keeping warm as best we could, getting food where we could. It was May, but on the northernmost reaches of the Missouri River the days were still chilly and the nights were fiercely cold.

Grandfather was in charge of the month's training for Ta-Na-E-Ka. One day he caught a grasshopper and demonstrated how to pull its legs and wings off in one flick of the fingers and how to swallow it.

I felt sick, and Roger turned green. "It's a darn good thing it's 1947," I told Roger teasingly. "You'd make a terrible warrior." Roger just grimaced.

I knew one thing. This particular Kaw Indian girl wasn't going to swallow a grasshopper, no matter how hungry she got. And then I had an idea. Why hadn't I thought of it before? It would have saved nights of bad dreams about squooshy grasshoppers.

I headed straight for my teacher's house. "Mrs. Richardson," I said, "would you lend me five dollars?"

"Five dollars!" she exclaimed. "What for?"

"You remember the ceremony I talked about?"

"Ta-Na-E-Ka. Of course. Your parents have written me and asked me to excuse you from school so you can participate in it."

"Well, I need some things for the ceremony," I replied, in a half-truth. "I don't want to ask my parents for the money."

"It's not a crime to borrow money, Mary. But how can you pay it back?"

"I'll baby-sit for you ten times."

"That's more than fair," she said, going to her purse and handing me a crisp new five-dollar bill. I'd never had that much money at once.

"I'm happy to know the money's going to be put to a good use," Mrs. Richardson said.

A few days later, the ritual began with a long speech from my grandfather about how we had reached the age of decision, how we now had to fend for ourselves and prove that we could survive the most horrendous of ordeals.

All the friends and relatives who had gathered at our house for dinner made jokes about their own Ta-Na-E-Ka experiences. They all advised us to fill up now, since for the next five days we'd be gorging ourselves on crickets. Neither Roger nor I was very hungry. "I'll probably laugh about this when I'm an accountant' Roger said, trembling.

"Are you trembling?" I asked.

"What do you think?"

"I'm happy to know boys tremble too," I said.

At six the next morning we kissed our parents and went off to the woods. "Which side do you want?" Roger asked. According to the rules, Roger and I would stake out "territories" in separate areas of the woods, and we weren't to communicate during the entire ordeal.

"I'll go toward the river, if it's okay with you," I said.

"Sure," Roger answered. "What difference does it make?"

To me, it made a lot of difference. There was a marina a few miles up the river and there were boats moored there. At least, I hoped so. I figured that a boat was a better place to sleep than under a pile of leaves.

"Why do you keep holding your head?" Roger asked.

"Oh, nothing. Just nervous," I told him. Actually, I was afraid I'd lose the five-dollar bill, which I had tucked into my hair with a bobby pin. As we came to a fork in the trail, Roger shook my hand. "Good luck, Mary."

" N'ko-n'ta," I said. It was the Kaw word for courage.

The sun was shining and it was warm, but my bare feet began to hurt immediately. I spied one of the berry bushes Grandfather had told us about. "You're lucky," he had said. "The berries are ripe in the spring, and they are delicious and nourishing." They were orange and fat and I popped one into my mouth.

Argh! I spat it out. It was awful and bitter, and even grasshoppers were probably better tasting, although I never intended to find out.

I sat down to rest my feet. A rabbit hopped out from under the berry bush. He nuzzled the berry I'd spat out and ate it. He picked another one and ate that too. He liked them. He looked at me, twitching his nose. I watched a redheaded woodpecker bore into an elm tree and I caught a glimpse of a civet cat waddling through some twigs. All of a sudden I realized I was no longer frightened. Ta-Na-E-Ka might be more fun than I'd anticipated. I got up and headed toward the marina.

"Not one boat," I said to myself dejectedly. But the restaurant on the shore, "Ernie's Riverside," was open. I walked in, feeling silly in my bathing suit. The man at the counter was big and tough-looking. He asked me what I wanted.

"A hamburger and a milk shake," I said, holding the five-dollar bill in my hand so he'd know I had money.

"That's a pretty heavy breakfast, honey," he murmured.

"That's what I always have for breakfast," I lied.

"Forty-five cents," he said, bringing me the food. (Back in 1947, hamburgers were twenty-five cents and milk shakes were twenty cents.) "Delicious," I thought. "Better' than grasshoppers — and Grandfather never once mentioned that I couldn't eat hamburgers."

While I was eating, I had a grand idea. Why not sleep in the restaurant? I went to the ladies' room and made sure the window was unlocked. Then I went back outside and played along the riverbank, watching the water birds and trying to identify each one. I planned to look for a beaver dam the next day.

The restaurant closed at sunset, and I watched the big and tough-looking man drive away. Then I climbed in the unlocked window. There was a night light on, so I didn't turn on any lights. But there was a radio on the counter. I turned it on to a music program. It was warm in the restaurant, and I was hungry. I helped myself to a glass of milk and a piece of pie, intending to keep a list of what I'd eaten so I could leave money. I also planned to get up early, sneak out through the window, and head for the woods before the three-fingered man returned. I turned off the radio, wrapped myself in the man's apron, and, in spite of the hardness of the floor, fell asleep.

"What the heck are you doing here, kid?"

It was the man's voice.

It was morning. I'd' overslept. I was scared.

"Hold it, kid. I just wanna know what you're doing here. You lost? You must be from the reservation. Your folks must be worried sick about you. Do they have a phone?"

"Yes, yes," I answered. "But don't call them."

I was shivering. The man, who told me his name was Ernie, made me a cup of hot chocolate while I explained about Ta-Na-E-Ka.

"Darndest thing I ever heard," he said, when I was through. "Lived next to the reservation all of my life and this is the first I've heard of Ta-Na- whatever -you-call-it." He looked at me, all goose bumps in my bathing suit. "Pretty silly thing to do to a kid," he muttered.

That was just what I'd been thinking for months, but when Ernie said it, I became angry. "No, it isn't silly. It's a custom of the Kaw. We've been doing this for hundreds of years. My mother and my grandfather and everybody in my family went through this ceremony. It's why the Kaw are great warriors."

"Okay, great warrior," Ernie chuckled, "suit yourself. And, if you want to stick around, it's okay with me." Ernie went to the broom closet and tossed me a bundle. "That's the lost-and-found closet," he said. "Stuff people left on boats. Maybe there's something to keep you warm."

The sweater fitted loosely, but it felt good. I felt good. And I'd found a new friend. Most important, I was surviving Ta-Na-E-Ka.

My grandfather had said the experience would be filled with adventure, and I was having my fill. And Grandfather had never said we couldn't accept hospitality.

I stayed at Ernie's Riverside for the entire period. In the mornings I went into the woods and watched the animals and picked flowers for each of the tables in Ernie's. I had never felt better. I was up early enough to watch the sun rise on the Missouri, and I went to bed after it set. I ate everything I wanted — insisting that Ernie take all my money for the food. "I'll keep this in trust for you, Mary," Ernie promised, "in case you are ever desperate for five dollars."

I was sorry when the five days were over. I'd enjoyed every minute with Ernie. He taught me how to make western omelets and to make Chili Ernie Style. And I told Ernie all about the legends of the Kaw. I hadn't realized I knew so much about my people.

But Ta-Na-E-Ka was over, and as I approached my house at about nine thirty in the evening, I became nervous all over again. What if Grandfather asked me about the berries and the grasshoppers? And my feet were hardly cut. I hadn't lost a pound and my hair was combed.

"They'll be so happy to see me," I told myself hopefully, "that they won't ask too many questions."

I opened the door. My grandfather was in the front room. He was wearing the ceremonial beaded deerskin shirt which had belonged to his grandfather. "N'g'da'ma," he said. "Welcome back."

I embraced my parents warmly, letting go only when I saw my cousin Roger sprawled on the couch. His eyes were red and swollen. He'd lost weight. His feet were an unsightly mass of blood and blisters, and he was moaning: "I made it, see. I made it. I'm a warrior. A warrior."

My grandfather looked at me strangely. I was clean, obviously well-fed, and radiantly healthy. My parents got the message. My uncle and aunt gazed at me with hostility.

Finally my grandfather asked, "What did you eat to keep you so well?"

I sucked in my breath and blurted out the truth: "Hamburgers and milk shakes."

"Hamburgers!" my grandfather growled.

"Milk shakes!" Roger moaned.

"You didn't say we had to eat grasshoppers," I said sheepishly.

"Tell us about your Ta-Na-E-Ka," my grandfather commanded.

I told them everything, from borrowing the five dollars, to Ernie's kindness, to observing the beaver.

"That's not what I trained you for," my grandfather said sadly.

I stood up. "Grandfather, I learned that Ta-Na-E-Ka is important. I didn't think so during training. I was scared stiff of it. I handled it my way. And I learned I had nothing to be afraid of. There's no reason in 1947 to eat grasshoppers when you can eat a hamburger."

I was inwardly shocked at my own audacity. But I liked it. "Grandfather, I'll bet you never ate one of those rotten berries yourself.

Grandfather laughed! He laughed aloud! My mother and father and aunt and uncle were all dumfounded. Grandfather never laughed. Never.

"Those berries — they are terrible," Grandfather admitted. "I could never swallow them. I found a dead deer on the first day of my Ta-Na-E-Ka — shot by a soldier, probably — and he kept my belly full for the entire period of the test!"

Grandfather stopped laughing. "We should send you out again," he said.

I looked at Roger. "You're pretty smart, Mary," Roger groaned. "I'd never have thought of what you did."

"Accountants just have to be good at arithmetic," I said comfortingly. "I'm terrible at arithmetic."

Roger tried to smile, but couldn't. My grandfather called me to him. "You should have done what your cousin did. But I think you are more alert to what is happening to our people today than we are. I think you would have passed the test under any circumstances, in any time. Somehow, you know how to exist in a world that wasn't made for Indians. I don't think you're going to have any trouble surviving."

Grandfather wasn't entirely right. But I'll tell about that another time.

6 年级 2 单元 1 周 **课堂练习**（请学生带手提电脑到教室，15 - 20 分钟）

Choose one of the following pictures. In the box at right, use your imagination, with **GOOD Chinese**, type five to ten sentences of what you would like to say of/about/on the picture. You can type anything you want to, but make sure to be positive and respectful.

6年级2单元2周 **课堂练习**（请学生带手提电脑到教室，15 - 20分钟）

Choose one of the following pictures. In the box at right, use your imagination, with <u>**GOOD Chinese**</u>, type five to ten sentences of what you would like to say of/about/on the picture. You can type anything you want to, but make sure to be positive and respectful.

6年级2单元3周 **课堂练习**（请学生带手提电脑到教室，15-20分钟）

Choose one of the following pictures. In the box at right, use your imagination, with **GOOD Chinese**, type more than ten sentences of what you would like to say of/about/on the picture. You can type anything you want to, but make sure to be positive and respectful.

6年级2单元4周 **课堂练习**（请学生带手提电脑到教室，15 - 20分钟）

Choose one of the following pictures. In the box at right, use your imagination, with <u>**GOOD Chinese**</u>, type more than ten sentences of what you would like to say of/about/on the picture. You can type anything you want to, but make sure to be positive and respectful.

6年级 2单元 5周 **课堂练习**（请学生带手提电脑到教室，15 - 20分钟）

Choose one of the following pictures. In the box at right, use your imagination, with <u>GOOD Chinese</u>, type more than ten sentences of what you would like to say of/about/on the picture. You can type anything you want to, but make sure to be positive and respectful.

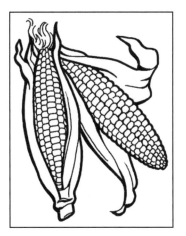

6年级 2 单元 6 周 **课堂练习**（请学生带手提电脑到教室，15 - 20 分钟）

Choose one of the following pictures. In the box at right, use your imagination, with <u>**GOOD Chinese**</u>, type more than ten sentences of what you would like to say of/about/on the picture. You can type anything you want to, but make sure to be positive and respectful.

6年级 2单元 7周 **课堂练习**（请学生带手提电脑到教室，15 - 20分钟）

Choose one of the following pictures. In the box at right, use your imagination, with **GOOD Chinese**, type more than fifteen sentences of what you would like to say of/about/on the picture. You can type anything you want to, but make sure to be positive and respectful.

6年级2单元8周 **课堂练习**（请学生带手提电脑到教室，15 - 20分钟）

Choose one of the following pictures. In the box at right, use your imagination, with **GOOD Chinese**, type more than fifteen sentences of what you would like to say of/about/on the picture. You can type anything you want to, but make sure to be positive and respectful.

6年级3单元1周 **课堂练习**（请学生带手提电脑到教室，15 - 20分钟）

Choose one of the following pictures. In the box at right, use your imagination, with <u>**GOOD Chinese**</u>, type more than fifteen sentences of what you would like to say of/about/on the picture. You can type anything you want to, but make sure to be positive and respectful.

6年级 3单元 2周 **课堂练习**（请学生带手提电脑到教室，15 - 20分钟）

Choose one of the following pictures. In the box at right, use your imagination, with <u>**GOOD Chinese**</u>, type more than fifteen sentences of what you would like to say of/about/on the picture. You can type anything you want to, but make sure to be positive and respectful.

6年级 3单元 3周 **课堂练习**（请学生带手提电脑到教室，15 - 20分钟）

Choose one of the following pictures. In the box at right, use your imagination, with <u>**GOOD Chinese**</u>, type more than fifteen sentences of what you would like to say of/about/on the picture. You can type anything you want to, but make sure to be positive and respectful.

6年级3单元4周 **课堂练习**（请学生带手提电脑到教室，15 - 20分钟）

Choose one of the following pictures. In the box at right, use your imagination, with <u>**GOOD Chinese**</u>, type more than fifteen sentences of what you would like to say of/about/on the picture. You can type anything you want to, but make sure to be positive and respectful.

6年级3单元5周 **课堂练习**（请学生带手提电脑到教室，15-20分钟）

Choose one of the following pictures. In the box at right, use your imagination, with <u>**GOOD Chinese**</u>, type more than fifteen sentences of what you would like to say of/about/on the picture. You can type anything you want to, but make sure to be positive and respectful.

6年级3单元6周**课堂练习**（请学生带手提电脑到教室，15 - 20分钟）

Choose one of the following pictures. In the box at right, use your imagination, with <u>**GOOD Chinese**</u>, type more than fifteen sentences of what you would like to say of/about/on the picture. You can type anything you want to, but make sure to be positive and respectful.

6年级3单元7周 **课堂练习**（请学生带手提电脑到教室，15 - 20分钟）

Choose one of the following pictures. In the box at right, use your imagination, with <u>**GOOD Chinese**</u>, type more than fifteen sentences of what you would like to say of/about/on the picture. You can type anything you want to, but make sure to be positive and respectful.

6年级3单元8周 **课堂练习**（请学生带手提电脑到教室，15-20分钟）

Choose one of the following pictures. In the box at right, use your imagination, with <u>**GOOD Chinese**</u>, type more than fifteen sentences of what you would like to say of/about/on the picture. You can type anything you want to, but make sure to be positive and respectful.